T0209806

essentials

essentials liefern aktuelles Wissen in konzentrierter Form. Die Essenz dessen, worauf es als „State-of-the-Art" in der gegenwärtigen Fachdiskussion oder in der Praxis ankommt. *essentials* informieren schnell, unkompliziert und verständlich

- als Einführung in ein aktuelles Thema aus Ihrem Fachgebiet
- als Einstieg in ein für Sie noch unbekanntes Themenfeld
- als Einblick, um zum Thema mitreden zu können

Die Bücher in elektronischer und gedruckter Form bringen das Expertenwissen von Springer-Fachautoren kompakt zur Darstellung. Sie sind besonders für die Nutzung als eBook auf Tablet-PCs, eBook-Readern und Smartphones geeignet. *essentials:* Wissensbausteine aus den Wirtschafts-, Sozial- und Geisteswissenschaften, aus Technik und Naturwissenschaften sowie aus Medizin, Psychologie und Gesundheitsberufen. Von renommierten Autoren aller Springer-Verlagsmarken.

Weitere Bände in der Reihe http://www.springer.com/series/13088

Clemens Engelhardt

Die GmbH

Ein Überblick von Gründung bis
Liquidation

 Springer Gabler

Clemens Engelhardt
München, Deutschland

ISSN 2197-6708   ISSN 2197-6716   (electronic)
essentials
ISBN 978-3-658-28572-2   ISBN 978-3-658-28573-9   (eBook)
https://doi.org/10.1007/978-3-658-28573-9

Die Deutsche Nationalbibliothek verzeichnet diese Publikation in der Deutschen Nationalbibliografie; detaillierte bibliografische Daten sind im Internet über http://dnb.d-nb.de abrufbar.

Springer Gabler ist ein Imprint der eingetragenen Gesellschaft Springer Fachmedien Wiesbaden GmbH und ist ein Teil von Springer Nature.
Die Anschrift der Gesellschaft ist: Abraham-Lincoln-Str. 46, 65189 Wiesbaden, Germany

Was Sie in diesem *essential* finden können

- Eine Erläuterung der GmbH als wohl gängigste Gesellschaftsform in Deutschland
- Eine Darstellung der üblichen Beteiligten und der Gründungsschritte
- Besonderheiten dieser Gesellschaftsform im Kauf bzw. Verkauf (M&A – Mergers & Acquisitions)
- Nutzung der GmbH als Joint-Venture-Gesellschaft
- Nutzung der GmbH als SPV (Special Purpose Vehicle)
- Nutzung der GmbH als Komplementär in der GmbH & Co. KG
- Ablauf der Liquidation bzw. der Insolvenz
- Besonderheiten der sogenannten 1-Euro-GmbH – Unternehmergesellschaft (haftungsbeschränkt) – kurz UG
- Einen Einblick in die Führung der GmbH (Corporate Governance)
- Einen Überblick über die üblichen Regelungen in einem Gesellschaftsvertrag
- Eine Darstellung der üblichen Regelungen eines Geschäftsführeranstellungsvertrages
- Eine Einführung in die üblichen Regelungen einer Geschäftsordnung für die Geschäftsführung

Vorwort

Nahezu jede wesentliche wirtschaftliche Betätigung in Deutschland wird in Form einer Gesellschaft ausgeführt, beispielsweise als GmbH. Die Gesellschaft mit beschränkter Haftung – kurz GmbH – erfreut sich enormer Beliebtheit bei der Auswahl aus den möglichen Gesellschaftsformen bzw. Rechtsformen (AG, GmbH & Co. KG, GbR, OHG, Stiftung etc.).

Dabei bestehen grundsätzlich drei Hauptbeweggründe für das Gründen bzw. das Errichten einer Gesellschaft: Bündelung von unternehmerischen Fähigkeiten mehrerer Personen, Abschirmung gegen Haftung und Insolvenz (z. B. GmbH) und diverse steuerrechtliche Unterschiede zwischen den einzelnen Rechtsformen. Aus den jeweiligen Motiven ergeben sich die Kriterien der Wahl der Unternehmensform.

Wichtig ist für jeden Unternehmer, die Grundzüge der genutzten oder beabsichtigten Gesellschaft zu verstehen und zu beherrschen; hier also: wer handelt für die GmbH, wer trägt Verantwortung, wer haftet für die Verbindlichkeiten und in welcher Höhe.

Hierzu bietet dieses *essential* einen Überblick über die deutsche GmbH (und die sog. UG bzw. Mini-GmbH) und vermittelt die notwendigen Basiskenntnisse für eine erfolgreiche Unternehmensführung.

München
im November 2019

Prof. Dr. Clemens Engelhardt
Rechtsanwalt

Inhaltsverzeichnis

Einleitung

Wen betrifft das Gesellschaftsrecht der GmbH und wer sind die handelnden Personen, die sog. Stakeholder? Haftet ein Prokurist und warum findet man heutzutage den Posten des Generaldirektors nicht mehr? Wer hat Stimmrecht in der Gesellschafterversammlung und welche Mehrheit gilt?

Dieses *essential* gibt einen kompakten, auf das wirtschaftliche Handeln im deutschen Mittelstand fokussierten Überblick über die wesentlichen Fragen rund um das Thema Gesellschaftsrecht. Die Rechtsform der GmbH wird kurz dargestellt in puncto Gründung (Ablauf und Beteiligte), Geschäftsführung, Prokura und Vertretung sowie Kauf und Verkauf (M&A – Mergers & Acquisitions) bis hin zu Liquidation oder Insolvenz. Dabei wird auch kurz auf die UG, die sog. 1-Euro-GmbH eingegangen.

Abgerundet wird dieses *essential* durch eine Darstellung der wesentlichen Inhalte eines Gesellschaftsvertrages, eines Geschäftsführeranstellungsvertrages und einer Geschäftsordnung für die Geschäftsführung nebst Erläuterungen zu den Kernpunkten.

Dieses *essential* richtet sich an Unternehmer und Entscheider, die mit dem Themenkomplex GmbH in Berührung kommen. Zudem dient es Studierenden zur Erlangung des erforderlichen Basiswissens. Die Ausführungen sind bewusst erläuternd und arbeiten nah am Gesetzestext; sollten Normen einschlägig sein, aber hier nicht genannt sein, dient dies allein der Verdeutlichung der notgedrungen verkürzten Darstellung.

Über Fragen oder Anregungen zu diesem Buch freut sich der Autor Prof. Dr. Clemens Engelhardt (Rechtsanwalt und Professor für Wirtschaftsrecht an der FOM Hochschule für Oekonomie und Management) jederzeit unter clemens.engelhardt@trustberg.com.

Für mehr Details zu einzelnen Gesellschaftsformen verweist der Autor auf das essential Gesellschaftsrecht und für Unternehmenskäufe sowie auf das essential Mergers & Acquisitons – beide ebenfalls im SpringerGabler Verlag erschienen.

© Springer Fachmedien Wiesbaden GmbH, ein Teil von Springer Nature 2020   1
C. Engelhardt, *Die GmbH*, essentials,
https://doi.org/10.1007/978-3-658-28573-9_1

Sinn und Nutzen von Gesellschaften mit beschränkter Haftung 2

Wofür wird überhaupt eine GmbH benötigt?

Wer sich mit den Grundzügen der GmbH befasst, sollte zunächst wissen, warum überhaupt in Gesellschaften gedacht wird. Wozu dienen GmbHs? Was unterscheidet die Ebenen Gesellschaft und Gesellschafter?

Derzeit bestehen in Deutschland ca. 30.000 bis 40.000 Unternehmen in der Rechtsform der OHG oder KG, im Vergleich zu ca. 140.000 GmbH & Co. KGs und über 560.000 Kapitalgesellschaften (GmbH und AG). Die Mehrzahl der Gesellschaften und auch der Kapitalgesellschaften in Deutschland agiert also in der Rechtsform der GmbH (knapp 530.000) bei nur ca. 7000 Aktiengesellschaften (Statistisches Bundesamt 2017).

2.1 Bündelung gemeinsamer wirtschaftlicher Betätigung

Der rasch einleuchtende erste Grund für die Gründung einer Gesellschaft ist die Bündelung wirtschaftlicher Interessen zumindest zweier Personen in einer Gesellschaft. Der Gedanke, dass gemeinsam leichter mehr erreicht werden kann als allein, ist ein Urerbe der Menschheit.

Die Notwendigkeit zur Bündelung wirtschaftlicher Interessen zeigte sich als Phänomen im beginnenden städtischen Wirtschaftsleben und verdichtete sich im Zuge von Renaissance, Aufklärung und verfassungsrechtlichen Gewährung von Eigentumsgarantien etc. Bereits vor der Industrialisierung bildeten sich beispielsweise bei Ackerbauern eines Ortes gemeinsame Lager für den Winter. Mit der Industrialisierung, dem Merkantilismus, der exakten wirtschaftswissenschaftlichen Reflexion und der verfassungsrechtlichen Gewährung von Eigentumsgarantien

© Springer Fachmedien Wiesbaden GmbH, ein Teil von Springer Nature 2020
C. Engelhardt, *Die GmbH,* essentials,
https://doi.org/10.1007/978-3-658-28573-9_2

wurde dann rasch die Notwendigkeit der professionellen Koordination der Produktionsfaktoren und des Kapitals deutlich, und es reichte der Familienverbund als Ursprungsform der Bewirtschaftung des Kapitals nicht mehr aus. Es fehlte ein verlässliches und strukturgebendes Regelwerk.

Die Bündelung wirtschaftlicher Interessen mehrerer Personen bedarf nicht nur einer Plattform, sondern auch interner Regelungen über die Zusammenarbeit und die Verteilung der Früchte (Gewinn und Verlust).

2.2   Haftungsabschirmung und Insolvenzabsicherung

Eine heutzutage wichtige Motivation, warum man sich einer GmbH bedient, ist die Abschirmung vor Haftung der Gesellschafter (oder der anderen Konzerngesellschaften) für Verbindlichkeiten einer Gesellschaft.

Bei den unterschiedlichen Gesellschaftsformen haften die Gesellschafter unterschiedlich für die Verbindlichkeiten – sprich: Schulden – der Gesellschaft. Beispielsweise haftet ein GmbH-Gesellschafter, der seine Stammeinlage aufgebracht und auch nicht zurückerhalten hat, selbst nicht mehr für die Gesellschaftsverbindlichkeiten; die Schulden der GmbH muss diese selbst begleichen aus ihrem Gesellschaftsvermögen, § 13 Abs. 2 GmbHG. Daher steht GmbH bereits begrifflich für Gesellschaft mit beschränkter Haftung – dem Gläubiger steht nur das Vermögen der GmbH zur Verfügung als Haftungsmasse und in der Regel eben nicht das Vermögen des oder der Gesellschafter. Bei der GmbH haftet also kein Unternehmer „mit seinem guten Namen und seinem Privatvermögen".

Konsequent weitergedacht stellt sich beispielsweise bei mehreren von einer Person oder Familie oder Holding gleichzeitig betriebenen unterschiedlichen Unternehmen oder Projekten stets die Frage, ob diese nicht jeweils in einer Gesellschaft betrieben werden sollten. Nennt man z. B. zwei Unternehmen sein Eigen, sollten diese auch rechtlich so voneinander getrennt sein, dass im Falle der Krise eines der beiden Unternehmen nicht automatisch auch das andere Unternehmen betroffen ist. Wenn der Unternehmer beispielsweise in seiner A-GmbH einen Insolvenzantrag stellen muss, betrifft dies nicht zwingend auch seine Unternehmen in seiner B-GmbH und C-GmbH. Würde der Unternehmer alle Unternehmen ohne rechtliche Trennung unter einem rechtlichen „Dach" führen, würden mögliche Verluste eines Unternehmensbereiches sich ungehindert auch auf die anderen Unternehmensbereiche auswirken.

2.3 Steuerliche Gründe

Nicht zuletzt können es steuerliche Unterschiede zwischen den möglichen Formen wirtschaftlicher Betätigung sein, die aus Sicht des Unternehmers die Wahl einer bestimmten Gesellschaftsform als attraktiv für das beabsichtigte oder bereits betriebene Unternehmen erscheinen lassen. Beispielsweise sind Personengesellschaften bzw. Personenhandelsgesellschaften steuerlich transparent, wohingegen die Kapitalgesellschaften als juristische Personen selbst Steuersubjekte sind. Dies kann sich insbesondere auf Ebene der Gewinnbesteuerung im mehrstufigen Konzern erheblich auswirken.

2.4 Struktur der GmbH

Die GmbH besteht aus ihrer Organen, der Gesellschafterversammlung und der Geschäftsführung (einmal einen optionalen Beirat oder Aufsichtsrat außen vor gelassen):
Abb. 2.1 zeigt die grundsätzliche Struktur der GmbH.

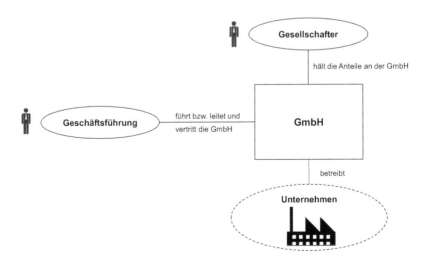

Abb. 2.1 Struktur der GmbH

Grundsätzliche Begriffe der GmbH 3

Firma, Unternehmen, Geschäftsführung und Vertretung – hier muss Klarheit herrschen
Der allgemeine Sprachgebrauch weicht vielfach von den korrekten rechtlichen Begriffen ab. Daher wird in diesem Kapitel knapp erläutert, was sich hinter den einzelnen Bezeichnungen verbirgt.

3.1 Firma, Unternehmen und Unternehmensträger

3.1.1 Firma

„Heute bleibe ich länger in der Firma" oder ähnliche Sätze hat jeder bereits gehört oder selbst ausgesprochen. Tatsächlich ist die Firma im rechtlichen Sinne aber nicht das Unternehmen. Vielmehr ist die Firma nur der Name des Unternehmens, der entsprechend den firmenrechtlichen Vorschriften im HGB (§ 17 ff. HGB) im Handelsregister eingetragen ist.

Durch die Vorschriften über den Schutz der Firma und deren Eindeutigkeit und Klarheit wird sichergestellt, dass es beispielsweise in München nicht zwei Unternehmen sich den Namen „Motel One GmbH" geben und es dadurch zu Verwechslungen oder gar Wettbewerbsverzerrungen kommen kann. Dies war übrigens bereits vor Inkrafttreten des heutigen HGB am 1. Januar 1900 so. Gleichwohl hat sich der allgemeine Sprachgebrauch anders entwickelt, und es wird häufig von der Firma (statt Unternehmen) und Firmenkauf (statt Unternehmenskauf) etc. gesprochen. Unternehmen trennen ihre Kunden beispielsweise häufig in Firmenkunden und Privatkunden etc. In Österreich heißt das Handelsregister übrigens Firmenbuch und ist damit näher am Sprachgebrauch.

© Springer Fachmedien Wiesbaden GmbH, ein Teil von Springer Nature 2020
C. Engelhardt, *Die GmbH*, essentials,
https://doi.org/10.1007/978-3-658-28573-9_3

▷ Die Firma ist nur der Name des Unternehmens (Kaufmanns), der im Handelsregister eingetragen ist und unter dem die Geschäfte betrieben werden. Das Unternehmen „firmiert" unter dem Namen.

3.1.2 Unternehmen

Das Unternehmen ist dagegen die Gesamtheit aller materiellen und immateriellen Rechtsgüter und Werte, die in einer Organisation zusammengefasst sind und einem einheitlichen wirtschaftlichen Zweck dienen. Das Unternehmen ist also das, was landläufig fehlerhaft unter Firma verstanden wird. Das Unternehmen umfasst die Mitarbeiter, Produktionsmittel, Aktiva und Passiva, Produktionsmittel, Räumlichkeiten etc.

▷ Das Unternehmen bilden sämtliche materiellen und immateriellen Wirtschaftsgüter bzw. Rechtsgüter, die unter einheitlicher Zweckrichtung in einer einheitlichen Organisation zusammengefasst sind.

3.1.3 Unternehmensträger

Der Unternehmensträger ist derjenige, welcher das Unternehmen (unter einer Firma) betreibt, also der Inhaber, also hier die GmbH selbst (nicht aber die dahinter stehenden GmbH-Gesellschafter), denn die GmbH ist selbst Trägerin von Rechten und Pflichten, § 13 Abs. 1 GmbHG.

Abb. 3.1 zeigt die Unterscheidung von Unternehmen und Unternehmensträger.

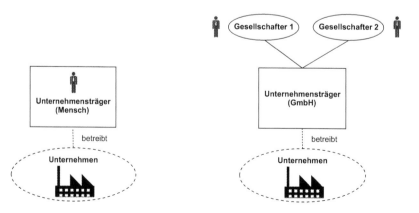

Abb. 3.1 Unternehmen und Unternehmensträger

3.2 Natürliche und juristische Personen

3.2.1 Natürliche Personen

Natürliche Personen sind Menschen. Juristische Personen sind im Wesentlichen Kapitalgesellschaften (GmbH, AG, SE), Stiftungen und Vereine. Doch wozu dient diese Unterscheidung?

Dem Grunde nach richtet sich unser Zivilrecht (Vertragsrecht, Kaufrecht, Werkvertragsrecht, Familienrecht, Erbrecht etc.) an Menschen, die sogenannten natürlichen Personen. Menschen sind Inhaber von Rechten und Träger von Pflichten. Menschen können Rechte erwerben (z. B. Eigentum) und Pflichten auferlegt bekommen (z. B. durch Vertrag – Zahlung des Kaufpreises beim Kaufvertrag). Diese grundsätzliche Ausrichtung des Gesetzgebers hat nicht nur historische Gründe, sondern ist auch im Zusammenhang mit der Entwicklung der heutigen Gesellschaft und ihres Menschenbildes seit der Aufklärung zu sehen. Der Mensch steht also auch im BGB im Mittelpunkt.

Diese Fokussierung auf den Menschen bedurfte aber rasch einer Ergänzung und Anpassung an die sich entwickelnde Wirtschaft und deren Belange. Menschen taten sich unternehmerisch zusammen (z. B. ein Geldgeber und ein Erfinder) und dies musste wirtschaftsrechtlich und privatrechtlich ebenfalls Niederschlag finden.

3.2.2 Juristische Personen

Da man aber Unternehmen bereits philosophisch betrachtet keine Menschenrechte zubilligen kann und zugleich keine vollständige Reform der mühsam erreichten Entwicklungen im Zivilrecht (z. B. in Form eines eigenen Zivil-Kodices nur für Gesellschaften) wollte, wurde die Konstruktion der juristischen Person erfunden.

Juristische Personen sind den natürlichen Personen im Wirtschaftsverkehr gleichgestellt. Sie können selbst Träger von Rechten und Pflichten sein und können Eigentum erwerben und Verträge eingehen etc. Damit gilt beispielsweise das BGB in weiten Teilen auch für juristische Personen.

Mit die wichtigsten juristischen Personen in Deutschland sind GmbHs. Sie sind selbst Träger von Rechten und Pflichten, § 13 GmbHG.

> ▷ Juristische Personen (z. B. GmbH) sind selbst Inhaber von Rechten und Pflichten. Sie können aber keinen eigenen Willen bilden und auch nicht selbst handeln. Hierfür benötigen sie wiederum Menschen als Gesellschafter und Geschäftsführer.

3.3   Personen(handels)gesellschaften und Kapitalgesellschaften

3.3.1   Personengesellschaften und Personenhandelsgesellschaften

Die bekannteste Personengesellschaft ist die GbR bzw. BGB-Gesellschaft. Sie verdankt ihre Bezeichnung dem Umstand, dass sie im BGB geregelt ist (§§ 705 ff. BGB).

Die BGB-Gesellschaft besteht aus zumindest zwei Gesellschaftern (natürliche oder juristische Personen), die einen gemeinsamen Zweck verfolgen und bei denen jeder Gesellschafter einen Beitrag zum Erreichen dieses Zweckes zu erbringen verpflichtet ist.

Die BGB-Gesellschaft ist auf eine kleinere Anzahl von Gesellschaftern ausgelegt. Ihre Grundform sieht vor, dass jeder Gesellschafter zur Führung der Geschäfte berechtigt ist und dass stets bei Abstimmungen der Gesellschaft Einstimmigkeit erzielt werden muss. Sie ist also sehr auf die Gesellschafter selbst fokussiert, auf die Personen.

Weitere relevante Personengesellschaften sind die Partnerschaftsgesellschaft für bestimmte Berufsgruppen (z. B. Rechtsanwälte) und die sog. stille Gesellschaft. Die EWIV (Europäische Wirtschafts- und Interessenvereinigung) und die Partenreederei sind im Wirtschaftsleben weniger bedeutsam.

Personengesellschaften sind zumindest teilrechtsfähig. Sie können in bestimmten Bereichen des Wirtschaftslebens Träger von Rechten und Pflichten sein, sind aber den Personenhandelsgesellschaften und juristischen Personen noch nicht vollkommen gleichgestellt; hier ist jedoch die Rechtsprechung und Lehre im Fluss und eine weitgehende Gleichstellung der wirtschaftlich tätigen BGB-Gesellschaft mit einer Personenhandelsgesellschaft ist abzusehen.

Im Bau insbesondere von Straßen und Autobahnen bildet man häufig aus verschiedenen Bauunternehmen sog. ARGEs (Arbeitsgemeinschaften), die ebenfalls BGB-Gesellschaften sind. Gleiches gilt für Kooperationen oder Konsortien (sofern nicht bewusst in einer anderen Rechtsform gegründet – häufig GmbH & Co. KG).

BGB-Gesellschaften sind nicht in das Handelsregister eingetragen und führen auch keine Firma, sondern lediglich eine Bezeichnung. Die Gesellschafter können öffentlich nicht in einem Register (z. B. Handelsregister) eingesehen werden.

Bei Personengesellschaften haften die Gesellschafter selbst für die Verbindlichkeiten der Gesellschaft. Eine Abschirmung gibt es nicht. Die Haftung der Gesellschafter der BGB-Gesellschaft wird noch gesondert erläutert.

Personenhandelsgesellschaften sind nach ihrem Gesellschaftszweck darauf ausgelegt, unter gemeinsamer Firma ein Handelsgewerbe zu betreiben. Personenhandelsgesellschaft sind diejenigen Personengesellschaften nach dem Handelsgesetzbuch (HGB), welche auch den handelsrechtlichen Vorschriften unterliegen, da sie Handelsgeschäfte betreiben. Daher gelten für die Personenhandelsgesellschaften bestimmte handelsrechtliche Sonder-Vorschriften und ergänzend hierzu das Recht der BGB-Gesellschaft.

Die Unterscheidung zwischen dem BGB-Zivilrecht und dem Handelsrecht nach dem HGB trägt der erhöhten Professionalisierung der Kaufleute Rechnung. Kaufleute sind dabei nicht nur natürliche Personen mit der Eintragung als Kaufmann (z. B. Max Mustermann e. K.), sondern auch die sog. Formkaufleute, die kraft ihrer Rechtsform Kaufmann sind. Neben den Kapitalgesellschaften ist dies auch bei den Personenhandelsgesellschaften der Fall. Die begriffliche Fokussierung auf Handelsgeschäfte stellt dabei nicht auf den Handel als Form der geschäftlichen Betätigung ab, sondern bezieht sich auf eine sprachlich inzwischen überkommene Unterscheidung zwischen einfachen und nicht komplex organisierten Unternehmen und größeren Unternehmungen kaufmännischer Struktur. Auch Dienstleister können unter das Handelsrecht fallen (nicht jedoch die sog. freien Berufe). Es kann also durchaus von einer Personenhandelsgesellschaft ein Unternehmen betrieben werden, das nicht der Branche des Handels im heutigen Sinne zuzuordnen ist, wie etwa ein Dienstleistungsunternehmen.

Wir unterscheiden die OHG (Offene Handelsgesellschaft), die KG (Kommanditgesellschaft) und die GmbH & Co. KG.

Die GmbH & Co. KG ist eine logische Fortentwicklung der Idee der KG. Hier wird als persönlich haftender Gesellschafter keine natürliche Person gewählt, sondern die GmbH als juristische Person und Kapitalgesellschaft. Damit haftet die GmbH allein mit ihrem gesamten Vermögen, wohingegen die an der KG beteiligten natürlichen Personen nur mit ihrer Einlage haften. Da aber wiederum die GmbH selbst als Kapitalgesellschaft nur mit ihrem Gesellschaftsvermögen haftet, wird hierdurch eine weitgehende Haftungsabschirmung gegenüber Verbindlichkeiten der GmbH & Co. KG erreicht.

Die Bezeichnung zeigt dies klar auf: Es handelt sich um eine KG, bestehend aus einer GmbH und einem *Kompagnon*. Näheres zur GmbH & Co. KG wird noch erläutert werden. Vergleichbare Konstruktionen sind nicht in jeder Rechtsordnung bekannt (beispielsweise existiert die GmbH & Co. KG in der Schweiz nicht, sondern nur die KG).

Abb. 3.2 zeigt die Struktur der GmbH & Co. KG.

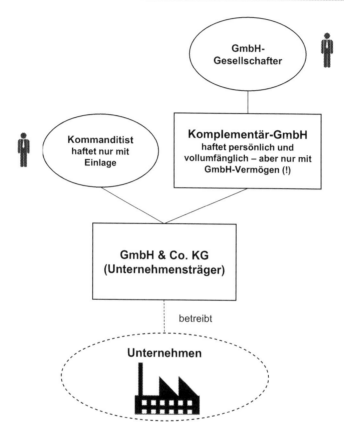

Abb. 3.2 GmbH & Co. KG

Der Gründungsablauf für die GmbH & Co. KG ist dem der GmbH ähnlich, aber leicht abgewandelt:

1. Vorab-Ansprache der Bank zur Vorbereitung der Kontoeröffnung für eine GmbH & Co. KG in Gründung
2. Notartermin zur Beurkundung der Gründung der GmbH und Beglaubigung der Handelsregisteranmeldung der KG
3. Weiterleitung der Notarunterlagen über die GmbH-Gründung an die Bank zur Eröffnung des Bankkontos der GmbH i. Gr. (= in Gründung)
4. Einzahlung der Stammeinlage auf ein Konto der GmbH i. Gr.
5. Weiterleitung der Bankbestätigung über die Einzahlung der Stammeinlage auf das Konto der GmbH i. Gr. an den Notar

6. Durchführung der Handelsregisteranmeldung von GmbH-Gründung und KG-Gründung durch den Notar
7. Eintragung beider Gesellschaften in das Handelsregister und damit rechtliches Entstehen dieser Gesellschaften (bei der KG so im Gesellschaftsvertrag geregelt).

3.3.2 Die GmbH als Kapitalgesellschaft

Kapitalgesellschaften sind im Wesentlichen die Gesellschaft mit beschränkter Haftung (GmbH) und die Aktiengesellschaft (AG) – letztere auch in Form der europäischen Aktiengesellschaft (societas europaea – SE). Kapitalgesellschaften zeichnen sich durch ein im Handelsregister eingetragenes Grundkapital bzw. Stammkapital aus. Das Mindeststammkapital der GmbH beträgt EUR 25.000,00, § 5 GmbHG.

Eben dieses Kapital unterliegt strengen Regelungen betreffend die Aufbringung des Kapitals bei Gründung (sog. Kapitalaufbringung) und dessen Erhaltung während des Lebenszyklus der Gesellschaft (sog. Kapitalerhaltung). Diese Regelungen über die Aufbringung und Kapitalerhaltung dienen dem Schutz der Gläubiger der Gesellschaft. Der Rechtsverkehr darf bei der GmbH als Kapitalgesellschaft darauf vertrauen, dass das im Handelsregister eingetragene Kapital bei Gründung bestanden hat und nicht unzulässig an den oder die Gesellschafter wieder ausgeschüttet worden ist. Allerdings ist zu beachten, dass dieses Kapital (Grundkapital oder Stammkapital) im Zuge des ordentlichen Geschäftsganges verbraucht werden darf. Einen Schutz vor Insolvenz stellt die Kapitalerhaltung gerade nicht dar.

Interessant ist die Entwicklung der vergangen Jahrzehnte dahin, dass Kapitalgesellschaften landläufig größeres Vertrauen entgegengebracht wird. Nicht professionelle Teilnehmer am Rechtsverkehr und Wirtschaftsverkehr vertrauen oft einem Gebrauchtwagenhändler in der Rechtsform der GmbH mehr als einem Gebrauchtwagenhändler, der persönlich haftet. Dies war früher anders; es galt als nicht gerade schicklich, wenn ein Unternehmer nicht auch persönlich haftet. Dies ist allerdings in Vergessenheit geraten.

Auch unter die Kapitalgesellschaften fällt die sog. UG (Unternehmergesellschaft haftungsbeschränkt), die einer GmbH entspricht, jedoch mit einem Mindeststammkapital von nur EUR 1,00. Hierzulande zählt man ca. 27.000 UGs (Statistisches Bundesamt 2017).

Die Einzelheiten zu AG, GmbH und UG werden gesondert erläutert.

3.4   Geschäftsführung

Geschäftsführung ist nach der rechtlichen Terminologie die Führung der Gesellschaft nach innen. Dies meint die Leitung der GmbH im täglichen operativen Geschäft.

Eine GmbH hat zumindest eine Person als Geschäftsführer. Diese führt das Unternehmen.

Geschäftsführung meint dabei nicht – wie landläufig angenommen – zwingend auch zugleich die Vertretung der Gesellschaft im Rechtsverkehr.

3.5   Vertretung

Vertretung meint die rechtsverbindliche Umsetzung des Willens der Gesellschafter namens der Gesellschaft im Rechtsverkehr. Eine Gesellschaft (gleich welcher Rechtsform) kann streng genommen selbst nicht einen Vertrag abschließen oder Eigentum erwerben. Sie benötigt hierfür einen Menschen, der für sie handelt.

Das Handeln für einen anderen im Rechtsverkehr bezeichnet man im deutschen Rechtsverständnis als Vertretung. Dieser Begriff wird auch verwendet für die Vertretung von Gesellschaften durch beispielsweise den geschäftsführenden Gesellschafter der GmbH-Geschäftsführer. Man spricht insoweit von den sog. geborenen Vertretern bzw. von den organschaftlichen Vertretern.

▶   Sog. geborener Vertreter der GmbH ist der GmbH-Geschäftsführer.

3.5.1   Organschaftliche Vertretung

Die Vertretungsmacht eines GmbH-Geschäftsführers ist unbeschränkt und unbeschränkbar. Dies ergibt sich aus den §§ 35, 37 GmbHG. Damit unterliegt der GmbH-Geschäftsführer im Außenverhältnis keinerlei Beschränkungen bei der Begründung von Rechten und Pflichten der GmbH. Diese umfassende Vertretungsmacht kann nur im Innenverhältnis z. B. durch Weisungen der Gesellschafterversammlung sowie Regelungen in Geschäftsführer-Anstellungsvertrag bzw. durch Geschäftsordnung für die Geschäftsführung eingeschränkt werden; diese Einschränkungen wirken jedoch nur im Innenverhältnis, d. h. im Rechtsverhältnis zwischen der GmbH und dem Geschäftsführer, und der GmbH-Geschäftsführer

macht sich bei Missachtung dessen womöglich schadensersatzpflichtig. Im Außenverhältnis sind aber in aller Regel auch solche Geschäfte wirksam, zu denen der
Geschäftsführer im Innenverhältnis nicht berechtigt gewesen ist. Weiter ist eine
gewisse Einschränkung dadurch möglich, dass bei mehreren Geschäftsführern
diese nur gemeinsam zur Vertretung berechtigt werden. Eine solche Gesamtgeschäftsführung wird in das Handelsregister eingetragen und ist damit für jedermann einsehbar. Die Vertretung der GmbH durch einen nicht zur Alleinvertretung
berechtigten Geschäftsführung ist unwirksam (man spricht von schwebender
Unwirksamkeit, deren endgültige Wirksamkeit von der Genehmigung der GmbH
abhängt).

3.5.2 Weitere Formen der Vertretung der GmbH im Rechtsverkehr

Vertreten werden kann eine Gesellschaft auch durch Nicht-Geschäftsführer.
Sonst müsste beispielsweise die Siemens AG jeden einzelnen Vertrag durch den
Vorstand abschließen lassen, was beileibe nicht praktikabel wäre. Daher können
Gesellschaften – wie übrigens Menschen auch – Vertreter bestimmen. Diese Ver-
treter erhalten dann Vollmacht. Vollmacht kann in Form der Generalvollmacht,
Spezialvollmacht, Handlungsvollmacht oder Prokura erteilt werden. Solche Ver-
treter sind die sog. gekorenen Vertreter.

> ▷ Bevollmächtigte (z. B. Handlungsvollmacht) oder Prokuristen sind die
> sog. gekorenen Vertreter.

3.5.3 Arten der Vertretungsmacht

Wenn jemand für einen anderen handelt, sollte dies tunlichst mit Vertretungsmacht
geschehen. Vertretungsmacht ist die Berechtigung, für einen anderen rechtsver-
bindlich zu handeln, also beispielsweise Verträge abzuschließen oder Eigentum zu
erwerben etc. Vertretungsmacht verleiht die Vollmacht oder die Prokura.
   Die einfache Vollmacht regelt das BGB in §§ 164 ff. BGB. Sie kann für ein
bestimmtes Geschäft erteilt werden (sog. Spezialvollmacht), für eine bestimmte
Gattung von wiederkehrenden Geschäften (sog. Gattungsvollmacht) oder für alle
Geschäfte innerhalb des Betriebes eines Handelsunternehmens nach HGB (sog.
Handlungsvollmacht gemäß § 54 HGB). Die weiteste Art der Vertretungsmacht
vermittelt die sog. Prokura gemäß §§ 48 HGB ff. Sie berechtigt zur Vertretung

in allen Belangen des durch die Gesellschaft betriebenen Handelsgeschäftes (die Prokura kann also nicht von BGB-Gesellschaften erteilt werden, da diese kein Handelsgeschäft betreiben).

3.6   GmbH als Joint Venture und Special Purpose Vehicle (SPV)

3.6.1   Joint-Venture-Gesellschaften

Von einem Joint-Venture spricht man, wenn zwei oder mehr Unternehmen sich in einer Joint-Venture-Gesellschaft zusammenschließen. Üblicherweise geschieht dies im Wege des Share Deal durch Erwerb von Anteilen eines bestehenden Unternehmens oder durch Gründung einer neuen Gesellschaft für eben diesen Zweck: der Joint-Venture-Gesellschaft. Eine solche Joint-Venture-Gesellschaft ist dabei in jeder Rechtsform denkbar – häufig werden jedoch die GmbH oder die GmbH & Co. KG gewählt. Der Begriff Joint-Venture selbst bezeichnet keine eigene Rechtsform.

Abb. 3.3 zeigt die Struktur eines Joint-Venture.

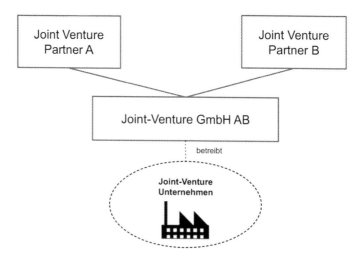

Abb. 3.3 Joint-Venture-Gesellschaft

3.6.2   Special Purpose Vehicle (SPV)

Häufig wird auch der Begriff des SPV (special purpose vehicle) im Gesellschaftsrecht verwendet. Hierbei handelt es sich ebenfalls nicht um eine Gesellschaftsform (wie GmbH oder AG), sondern dadurch wird lediglich gekennzeichnet, dass die Gesellschaft eine reine Zweck- bzw. Projektgesellschaft ist, die nur der Abwicklung eines bestimmten Projektes dient. SPVs haben in der Regel keine Arbeitnehmer etc. und werden nach Durchführung eines Projektes (z. B. der Ankauf nebst Erweiterung und Verkauf einer Immobilie) wieder liquidiert.

3.6.3   Vorratsgesellschaft bzw. Mantelgesellschaft

In der Praxis wird häufig eine Gesellschaft sehr schnell benötigt (z. B. aufgrund anstehenden Jahreswechsels etc.) und die Gründung einer GmbH, GmbH & Co. KG oder AG erscheint dann zeitlich als kritisch. In solchen Fällen wird auf sog. Vorratsgesellschaften bzw. Mantelgesellschaften zurückgegriffen. Verschiedene Dienstleister halten Gesellschaften vor, die jedoch keinen Geschäftsbetrieb innehaben, sondern nur auf Vorrat bzw. nur als leerer Mantel existieren. Solche Gesellschaften können sehr schnell erworben und entsprechend Satzung und Firma geändert werden. Die Kosten sind in der Regel vernachlässigbar angesichts des Zeitgewinnes.

Die GmbH im Überblick

4

4.1 Die juristische Person

Die GmbH ist juristische Person (wie auch die AG und der rechtsfähige Verein, die KGaA und die Genossenschaft sowie abhängig von der Ausgestaltung auch die Stiftung). Die juristische Person hat – zumindest bezogen auf das Wirtschaftsleben – dieselben Rechte wie eine natürliche Person (der Mensch). Die juristische Person ist Trägerin von Rechten und Pflichten, kann Gesellschafter von Gesellschaften sein, kann gerichtlich verklagt werden und klagen, kann als Erbe eingesetzt werden etc.

Die juristische Person ist grundsätzlich unabhängig vom Personenkreis ihrer Gesellschafter und insofern selbstständig; das Vermögen der juristischen Person steht nur ihr zu und lediglich indirekt den Gesellschaftern – daher haftet auch nur die juristische Person für ihre Verbindlichkeiten und nur indirekt durch etwaige Wertminderung die Gesellschafter; daher ist die juristische Person der gesellschaftsrechtliche Gegensatz zur Personengesellschaft bzw. Personenhandelsgesellschaft.

Die juristische Person kann als sog. Ein-Mann-Gesellschaft mit nur einem Gesellschafter bestehen oder auch eine unbegrenzte Anzahl an Gesellschaftern haben (wobei sich für sog. Publikumsgesellschaften eher die AG anbietet). Sie braucht stets zumindest einen organschaftlichen Vertreter (z. B. GmbH-Geschäftsführer, AG-Vorstand) und dieser Vertreter muss nicht Gesellschafter sein (sog. Grundsatz der Fremdorganschaft).

© Springer Fachmedien Wiesbaden GmbH, ein Teil von Springer Nature 2020
C. Engelhardt, *Die GmbH*, essentials,
https://doi.org/10.1007/978-3-658-28573-9_4

4.2   Kapitalgesellschaft

Die GmbH ist Kapitalgesellschaft. Sie verfügt über ein Kapital, welches im Handelsregister eingetragen wird (GmbH-Stammkapital) und den Gläubigern als Haftungsmasse zur Verfügung stehen soll. Daher gilt der Grundsatz der Kapitalaufbringung, nachdem das eingetragene Kapital bei Gründung auch tatsächlich aufgebracht werden muss; zudem gilt der Grundsatz der Kapitalerhaltung, nachdem das Kapital nur unter ganz bestimmten rechtlichen Rahmenbedingungen an die Gesellschafter bzw. Aktionäre wieder ausgeschüttet werden darf.

Allerdings unterliegt dieses Haftkapital keinem absoluten Schutz: Das eingetragene Kapital (GmbH-Stammkapital) darf im Laufe des Geschäftsganges verbraucht werden; ein Insolvenzschutz besteht nicht.

4.3   Gründung

Die Gründung der Gesellschaft mit beschränkter Haftung erfolgt durch notarielle Beurkundung des Gründungsaktes einschließlich des Gesellschaftsvertrages (Satzung) und der Übernahme der Geschäftsanteile und Bestellung der Geschäftsführung durch die Gesellschafterversammlung. Diese Gründungsurkunden sind durch den beurkundenden Notar in das Handelsregister einzureichen.

Die Gründung ist erst mit Eintragung der GmbH in das Handelsregister vollzogen (Dauer ca. 1–2 Wochen in einfach gelagerten Fällen). Zuvor besteht allenfalls eine Vorgesellschaft. Eine Vorgesellschaft wird dann angenommen, wenn die GmbH-Gesellschafter bereits vor Eintragung der GmbH im Namen dieser GmbH i. Gr. tätig sind. Hierbei ist zu beachten, dass die Haftungsabschirmung der GmbH im Rechtsverkehr noch nicht wirkt (da mangels Handelsregistereintragung noch nicht erkennbar für den Rechtsverkehr); dies führt dazu, dass die jeweils handelnden GmbH-Gründungs-Gesellschafter für sämtliche Verbindlichkeiten der GmbH i. Gr. persönlich und unbeschränkt haften (sog. Handelndenhaftung der Vor-GmbH). Das Mindest-Stammkapital der GmbH beträgt mindestens EUR 25.000,00, wobei allerdings die Einzahlung in Höhe von EUR 12.500,00 ausreicht mit der Folge, dass die Gesellschafter der Gesellschaft auf die restlichen EUR 12.500,00 haften.

Der Übliche Ablauf der Gründung ist:

1. Vorab-Ansprache bei der Bank zur Vorbereitung der Kontoeröffnung für eine GmbH in Gründung
2. Notartermin zur Beurkundung der Gründung der GmbH

3. Weiterleitung der Notarunterlagen über die GmbH-Gründung (Scan per E-Mail) durch den/die Gründer an die Bank zur Eröffnung des Bankkontos der GmbH i. Gr. (= in Gründung)
4. Einzahlung der Stammeinlage auf ein Konto der GmbH i. Gr.
5. Weiterleitung der Bankbestätigung über die Einzahlung der Stammeinlage auf das Konto der GmbH i. Gr. (Scan per E-Mail) durch den/die Gründer an den Notar
6. Durchführung der Handelsregisteranmeldung durch den Notar, § 7 Abs. 2 GmbHG
7. Eintragung beider Gesellschaften in das Handelsregister und damit rechtliches Entstehen der GmbH, § 11 GmbHG.

Sollte die Gründung der GmbH aus zeitlichen Gründen keine Alternative darstellen, empfiehlt sich der Erwerb einer Vorratsgesellschaft.

▶ Ablauf der Gründung: Notarielle Beurkundung der Gründungs- dokumente und Einreichung durch den Notar zum Handelsregister. Erst mit Eintragung in das Handelsregister ist die GmbH gegründet.

Die Unternehmergesellschaft (haftungsbeschränkt) – genannt UG – ist eine GmbH, bei der jedoch das eingetragene Stammkapital den Betrag von EUR 25.000,00 unterschreitet unterschreitet, zumindest aber EUR 1,00 beträgt. Landläufig wird von der sog. 1-Euro-GmbH gesprochen. Abgesehen von Beschränkungen bei der Gestaltungsfreiheit in der Satzung und bestimmter Rück- lageverpflichtungen gelten keine wesentlichen Sonderregelungen für die UG im Vergleich zur GmbH. Siehe hierzu auch unten.

4.4 Kapital und Gesellschafter/Organe

4.4.1 Stammkapital der GmbH

Die GmbH verfügt als juristische Person über ein festgeschriebenes Haftkapital. Dieses als Stammkapital bezeichnete Haftkapital ist bei der Gründung aufzu- bringen und unterliegt den Kapitalerhaltungsvorschriften der §§ 30 ff. GmbHG.
Grundsätzlich muss das Kapital nicht in bar (durch Überweisung) aufgebracht werden – sog. Bargründung, sondern es kann auch durch Einbringung von ent- sprechenden Sachwerten (Gegenstände, Immobilien oder Forderungen) auf- gebracht werden – sog. Sachgründung. Die Sachgründung ist etwas komplizierter als die Bargründung, da hier der Nachweis zu führen ist, dass die eingebrachten Sachen den Wert des Stammkapitals darstellen.

Umgehungen der Grundsätze der Kapitalaufbringung und Kapitalerhaltung führen regelmäßig zu einer Haftung der Gesellschafter und womöglich zu Straftaten der Geschäftsführung.

4.4.2 Organe der GmbH

Die Organe der GmbH sind die Gesellschafterversammlung und die Geschäftsführung. Die Gesellschafter sind – soweit sie nicht zugleich Geschäftsführer oder Prokuristen oder sonst mit Vertretungsmacht ausgestattet sind – nicht zur Vertretung der GmbH berechtigt. Die Gesellschafter beschließen aber in der Gesellschafterversammlung über die Geschicke der GmbH – siehe hierzu weiter das Kapitel über die Beschlussfassung in der Gesellschafterversammlung.

4.5 Corporate Governance – Führung und Vertretung

Die GmbH wird durch den oder die Geschäftsführer geführt und nach außen im Rechtsverkehr bzw. im Wirtschaftsverkehr vertreten. Diese organschaftliche Vertretungsmacht im Außenverhältnis ist grundsätzlich nicht beschränkbar, der Geschäftsführer unterliegt allenfalls Weisungen im Innenverhältnis, §§ 35, 37 GmbHG. Da der Geschäftsführer den Weisungen der Gesellschafterversammlung unterworfen ist, sollten diese in ihren Grundsätzen bereits im Geschäftsführer-Dienstvertrag und/oder in einer Geschäftsordnung für die Geschäftsführung festgeschrieben sein. Beispielhaft könnten folgende Geschäftsführungsmaßnahmen in einer Geschäftsordnung für die Geschäftsführung der vorherigen Zustimmung der Gesellschafter unterworfen werden (ggf. zu ergänzen); ohne Zustimmung der Gesellschafterversammlung darf der Geschäftsführer folgende Maßnahmen nicht durchführen:

a) Unternehmensplanung und Budget,
b) Unternehmensverträge, Joint Ventures, Beteiligungserwerbe;
c) Arbeits- und Dienstleistungsverträge über EUR XXX p. a. hinaus;
d) Beraterverträge über EUR XXX p. a. hinaus;
e) Darlehensverträge, Kredite, Sicherheiten, Bürgschaften, Patronate;
f) Miet- und Pachtverträge;
g) Investitionen über EUR XXX im Einzelfall oder EUR XXX p. a. hinaus;
h) Erwerb von Wirtschaftsgütern über EUR XXX im Einzelfall oder EUR XXX p. a. hinaus;

i) Erwerb, Veräußerung, Belastung oder sonstige Verfügung von Aktien oder Gesellschaftsanteilen an Gesellschaften;

j) Veräußerung des Unternehmens der Gesellschaft ganz oder in Teilen;

k) Erwerb, Veräußerung, Belastung oder sonstige Verfügung von oder über Grundstücke und grundstücksgleiche Rechte oder die Verpflichtung hierzu;

l) Forderungsverzichte, soweit diese im Einzelfall EUR XXX übersteigen, und Abschreibungen auf Forderungen oder Forderungsverzichte von mehr als EUR XXX p. a., sofern nicht zwingendes Recht sie verlangt;

m) Abschluss von Verträgen mit Partnern sowie deren Angehörigen i. S. v. § 15 AO sowie mit Unternehmen, an denen die vorgenannten Personen mit mindestens XXX% unmittelbar oder mittelbar am Kapital oder den Stimmrechten beteiligt sind;

n) Einleitung und Beendigung von Rechtstreitigkeiten über EUR XXX im Einzelfall oder EUR XXX p. a. hinaus;

o) Erteilung und Widerruf von Prokuren sowie von Handlungsvollmachten für den gesamten Geschäftsbetrieb;

p) sonstige Rechtsgeschäfte über den ordentlichen Geschäftsgang der Gesellschaft hinaus; und

q) sonstige Themen der jeweiligen GmbH.

Zu beachten ist aber, dass diese Beschränkungen aus dem sog. Katalog der zustimmungspflichtigen Geschäfte nur im Innenverhältnis gelten und ein Verstoß hiergegen allenfalls den Geschäftsführer haftbar auf Schadensersatz macht (was einen konkreten Schadensnachweis voraussetzt); im Außenverhältnis gegenüber Dritten sind solche Beschränkungen der Geschäftsführung unbeachtlich und entfalten keine Wirksamkeit für den Rechtsverkehr (es sei denn der Dritte wusste davon).

Gleichwohl besteht die Weisungsabhängigkeit der Geschäftsführung gegenüber der Gesellschafterversammlung als wichtiges Instrument der Corporate Governance. Insbesondere dies ist der Grund, warum die GmbH als Tochtergesellschaft im Konzern deutlich besser geeignet ist, als die AG, bei der der Vorstand weisungsunabhängig ist (siehe unten).

Der GmbH-Geschäftsführer kann jederzeit abberufen werden von seiner Organstellung, unabhängig von einem etwa bestehenden Dienstvertrag, § 38 Abs. 1 GmbHG.

Gegenüber dem Geschäftsführer wird die GmbH von der Gesellschafterversammlung vertreten (die wiederum einen Vertreter bestimmen kann). Siehe hierzu auch das Kapitel zum Geschäftsführer-Anstellungsvertrag.

4.6   Beschlussfassung in der Gesellschafterversammlung

4.6.1   Wer entscheidet über die Geschicke der GmbH?

Die GmbH wird durch ihre Gesellschafter bestimmt. Dabei können die Gesellschafter durch Beschluss in der Gesellschafterversammlung sogar der Geschäftsführung konkrete Handlungsanweisungen erteilen, welche die Geschäftsführung dann auch umzusetzen hat (vorausgesetzt, die Weisungen sind ihrerseits rechtmäßig und verstoßen nicht gegen Gesetz oder die guten Sitten).

Einzelne Gesellschafter können hingegen – ungeachtet der Höhe ihrer Beteiligung an der GmbH – nicht direkt die Geschäftsführung anweisen. Auch Mehrheitsgesellschafter haben hierzu einen Beschluss der Gesellschafterversammlung herbeizuführen (anders nur beim Alleingesellschafter, da hier die Beschlussfassung reine Formalität wäre).

Die Geschäftsführung ist also weisungsabhängig und ihr können sehr konkrete Anweisungen erteilt werden. Die GmbH-Geschäftsführung ist damit nicht so frei in ihrer unternehmerischen Lenkung wie es beispielsweise der Vorstand einer Aktiengesellschaft ist.

4.6.2   Ab wann ist die Gesellschafterversammlung beschlussfähig?

Häufig wird in Satzungen geregelt, dass eine Gesellschafterversammlung nur dann überhaupt beschlussfähig sein soll – also nur dann wirksam Beschlüsse fassen können soll – wenn ein bestimmtes Quorum an Teilnehmern (ggf. durch Vertretung, siehe unten) erreicht ist. Damit soll ein gewisser Minderheitenschutz erreicht werden. Es soll also nicht eine Gruppe von Gesellschaftern Beschlüsse gerade dann fassen können, wenn beispielsweise die übrigen Gesellschafter trotz ordnungsgemäßer Ladung absehbar nicht werden teilnehmen können (z. B. aufgrund bekannter Urlaubsreisen etc.).

Solche Satzungsregeln enthalten aber üblicherweise die Möglichkeit zur Wiederholung der Versammlung in unmittelbarer zeitlicher Nähe (z. B. 1–2 Wochen) mit gleicher Tagesordnung und dann ohne das Erfordernis eines bestimmten Quorums zur Beschlussfähigkeit. Hierdurch wird eine Lähmung bzw. Blockade durch absichtlich abwesende Gesellschafter verhindert.

4.6.3 Muss man sich immer persönlich treffen?

Grundsätzlich geht das GmbH-Gesetzt davon aus, dass GmbH-Gesellschafter in ihrer Anzahl übersichtlich sind und damit das persönliche Treffen für eine Gesellschafterversammlung zielführend ist. Allerdings sollte jede Satzung auch Beschlussfassungen im schriftlichen Umlaufverfahren oder auf anderem Weg (z. B. telefonisch oder per E-Mail) zulassen. Häufig ist es schneller und einfacher, die Zustimmung aller erforderlichen Gesellschafter einzuholen, wenn diese nicht auch noch an den Sitz der Gesellschaft reisen müssen. Hier bietet sich das Umlaufverfahren per E-Mail an.

4.6.4 Kann sich ein Gesellschafter vertreten oder begleiten lassen?

Selbst wenn nicht in der Satzung geregelt (was aber dringend zu empfehlen ist), kann sich ein GmbH-Gesellschafter in Gesellschafterversammlungen nach überwiegender Ansicht in Literatur und Rechtsprechung durch einen Rechtsbeistand etc. vertreten lassen. Üblicherweise regeln Satzungen jedoch ausdrücklich das Recht der Gesellschafter, nicht selbst zu erscheinen, sondern sich durch RA, StB oder WP oder andere Gesellschafter vertreten zu lassen sowie das Recht, sich durch solche Personen in der Gesellschafterversammlung begleiten zu lassen.

4.6.5 Welchen Rechtsschutz gibt es gegen Beschlüsse der Gesellschafter? Der Gesellschafterstreit

Nicht selten kommt es vor, dass Minderheitsgesellschafter überstimmt werden und so Gesellschafterbeschlüsse zustande kommen, mit denen die Minderheitsgesellschafter nicht einverstanden sind.

Als ganz einfaches Beispiel kann der Streit über die Ausschüttung von Gewinnen dienen. Hier kommt es häufig zu unterschiedlichen Interessen von Mehrheit und Minderheit, wenn der Mehrheitsgesellschafter die Gewinne thesaurieren bzw. investieren möchte (also im Unternehmen lassen will) und die Minderheit dagegen an Ausschüttungen interessiert ist. Fehlt hier eine Regelung in der Satzung, kann die Mehrheit entscheiden und es kommt zum Streit darüber, ob die Mehrheit die Interessen der Minderheit hinreichend berücksichtigt hat.

Grundsätzlich sieht das GmbH-Gesetz kaum eigenen Rechtsschutz gegen Gesellschafterbeschlüsse vor. Dies folgt daraus, dass im Aktienrecht ein im Einzelnen sehr ausdifferenziertes Schutzsystem in den §§ 246 ff. AktG entwickelt worden ist und dass man die Systematik und Grundsätze des aktienrechtlichen Beschlussmängelrechtes entsprechend auf die GmbH anwenden kann.

Dementsprechend wird unterschieden zwischen zwei Gruppen von Mängeln, welche ein Beschluss der Gesellschafterversammlung haben kann: Nichtigkeit oder (nur) Anfechtbarkeit.

4.6.5.1 Nichtigkeit von Gesellschafterbeschlüssen

Nichtig sind Gesellschafterbeschlüsse in aller Regel dann, wenn sie unter formalen Mängeln leiden. Dies ist beispielsweise dann der Fall, wenn nicht korrekt zur Gesellschafterversammlung eingeladen worden ist (z. B. unter Fristverstoß) und sich die Gesellschafter nicht darauf geeinigt haben, den Formmangel zu akzeptieren. Häufiger Nichtigkeitsgrund ist daneben das „Vergessen" der Einladung einzelner Gesellschafter. Beschlüsse in einer Gesellschafterversammlung, zu der nicht alle Gesellschafter eingeladen worden sind, sind nichtig. Neben den Einberufungsmängeln gibt es auch Nichtigkeitsgründe inhaltlicher Art, z. B. den Verstoß gegen die guten Sitten, wesensfremde bzw. schutzrechtsverletzende Beschlüsse oder den Nichtigkeitsgrund des § 57j GmbHG (Abweichen vom Recht auf Bezug der Altgesellschafter bei Kapitalerhöhung gegen deren Willen).

Die Nichtigkeit von Gesellschafterbeschlüssen in der GmbH ist gerichtlich geltend zu machen mit der sog. Nichtigkeitsfeststellungsklage. Diese ist nicht fristgebunden, sondern kann auch zeitlich deutlich nach der entsprechenden Gesellschafterversammlung erfolgen, wenn nicht in der Satzung der GmbH hierzu eine Frist (wirksam) geregelt worden ist.

4.6.5.2 Anfechtbarkeit von Gesellschafterbeschlüssen

Mit der Anfechtungsklage wehrt sich der Gesellschafter gegen weitere Mängel des ihn belastenden Gesellschafterbeschlusses hinsichtlich des Verfahrens der Beschlussfassung sowie gegen inhaltliche Mängel.

Verfahrensverstöße können dabei beispielsweise sein

- Ladungsmängel, soweit sie nicht zur Nichtigkeit führen;
- Beschlussfassung zur Unzeit oder an einem anderen, als dem im Gesellschaftsvertrag bestimmten Ort;
- Teilnahme von Nichtberechtigten an der Gesellschafterversammlung;
- Ausschluss von Teilnahmeberechtigten;
- Vorenthaltung von Informationen;

- Ausschluss oder ungerechtfertigter Abbruch der Aussprache;
- Abstimmung über nicht ausreichend angekündigte Beschlussgegenstände;
- unzulässige Einflussnahme auf die Abstimmung;
- unberechtigter Ausschluss von der Abstimmung;
- unzutreffende Feststellung des Abstimmungsergebnisses;
- Beschlussfassung im schriftlichen Verfahren trotz fehlenden Einverständnisses damit.

Inhaltliche Mängel sind Verstöße gegen das materielle Recht, wie beispielsweise Verstöße gegen Informationsrechte des Gesellschafters, Verstöße gegen den Gleichbehandlungsgrundsatz, Eingriff in Mitgliedschaftsrechte ohne hinreichende Rechtfertigung (z. B. das sog. „Ausbluten" von Minderheitsgesellschaftern).

Die Anfechtungsklage ist fristgebunden. Es gilt nach ganz herrschender Meinung in Literatur und Rechtsprechung die Monatsfrist des § 246 Abs. 1 AktG analog, wenngleich wohl mit nicht taggenauer Betrachtung – je nach Lesart der einzelnen Stimmen in der Literatur. Rechtlich sicher ist aber die Einhaltung der Monatsfrist (gerechnet ab der Beschlussfassung – nicht ab dem Erhalt des Protokolls).

4.7 Verkauf/Liquidation

4.7.1 Mergers & Acquisitions – der Unternehmenskauf bzw. –verkauf

4.7.1.1 Ablauf der Transaktion

Wer sich mit dem Thema Mergers & Acqusitions – insbesondere dem Unternehmenskauf als Kernpunkt des M&A-Geschäftes beschäftigt – muss die üblichen Abläufe in M&A-Transaktionen verinnerlicht haben. Dies ist aus einer Vielzahl von Gründen von enormer Bedeutung für den Erfolg des Deals. Besonders plakativ und deswegen hervorzuheben sind dabei der hohe Zeitdruck, unter welchem solche Projekte durchgeführt werden (müssen), sowie der drohende Verlust des Vertrauens in den jeweiligen Geschäftspartner und damit der drohende Verlust an Transaktionssicherheit.

Ablauf der M&A-Transaktion aus Verkäufersicht:

- „Aufhübschen" der Braut und ggf. Re-Organisation und Positionierung
- Suchen eines Käufers
- Erste Gespräche und Letter of Intent (LOI)
- Due Diligence

- Vertragsverhandlungen
- Signing und Closing
- Umsetzung und Integration

Abb. 4.1 zeigt den üblichen Ablauf einer M&A-Transaktion (Nach Engelhardt C. 2015, S. 135). Aus Sicht des Käufers stellen sich diese Schritte nahezu spiegelbildlich dar. Abweichungen hiervon führen oft zu Irritationen und sollten daher nur aus wohl überlegten Gründen vorgenommen werden. Um die Transaktion nicht zu gefährden, sollten Abweichungen von dem zuvor skizzierten Ablauf auch möglichst frühzeitig dem Vertragspartner kommuniziert und begründet werden.

4.7.1.2 Share Deal

Ein Share Deal ist der Erwerb sämtlicher oder einzelner Anteile an einer Gesellschaft, die ein Unternehmen betreibt. „Share" als englischsprachiger Sammelbegriff wird dabei für sämtliche Arten von Gesellschaftsanteilen ungeachtet der konkreten Rechtsform verwendet und umfasst daher insbesondere Aktien, GmbH-Geschäftsanteile, KG-Anteile, BGB-Gesellschaftsanteile etc.

Häufige Rechtsformen in Deutschland sind:

- AG, GmbH, KG sowie GmbH & Co. KG, BGB-Gesellschaft.
- SE als übergreifende Rechtsform nach EU-Recht (ähnlich der AG)
- Limited (Ltd), Incorporated (Inc) Limited Liability Partnership (LLP), Limited Liability Company (LLC) als UK- und US-Rechtsformen, die auch hierzulande anerkannt sind.

Ein Share Deal ist also der Kauf des Unternehmensträgers von den Gesellschaftern des Unternehmensträgers und damit der mittelbarere Erwerb des Unternehmens, wenn ein Käufer alle Gesellschaftsanteile oder zumindest eine Kontrollmehrheit am Unternehmensträger erwirbt. Ein bloßer Beteiligungserwerb liegt vor, wenn ein Käufer nur Gesellschaftsanteile erwirbt, ohne die Kontrolle über den Unternehmensträger zu erlangen (häufig im Bereich Private Equity und Venture Capital anzutreffen).

Abb. 4.1   Ablauf M&A-Transaktion

Durch den Share Deal gehen sämtliche Rechte und Pflichten und damit sämtliche Assets & Liabilities der erworbenen Gesellschaft mittelbar auf den Käufer über. Share Deals sind daher oftmals für die Durchführung der Transaktion vorteilhaft, da nicht einzelne Vermögensgegenstände übertragen werden müssen. Umgekehrt ist beim Share Deal erhöhte Aufmerksamkeit in der Due Diligence Prüfung erforderlich, da auch die unbekannten „Leichen im Keller" mit erworben werden. Ein sog. cherry picking ist nicht ohne weitere Strukturierung möglich. Abb. 4.2 stellt den Share Deal graphisch dar.

4.7.1.3 Asset Deal

Ein Asset Deal ist der Erwerb sämtlicher oder einzelner Vermögensgegenstände eines Unternehmens, das von einer Gesellschaft oder einer Einzelperson gehalten wird. Es werden keine Anteile übertragen, sondern einzelne Wirtschaftsgüter (ggf. auch Verbindlichkeiten, sofern gesondert vereinbart auch mit den Gläubigern dieser Verbindlichkeiten).

Ein Asset Deal ist daher der Kauf des Unternehmens durch Erwerb der Vermögensgegenstände vom Rechtsträger des Unternehmens und damit der unmittelbare Erwerb der Vermögensgegenstände. Der Erwerb erfolgt durch Kauf des gesamten Unternehmens und Übertragung jedes einzelnen Vermögensgegenstands im Wege

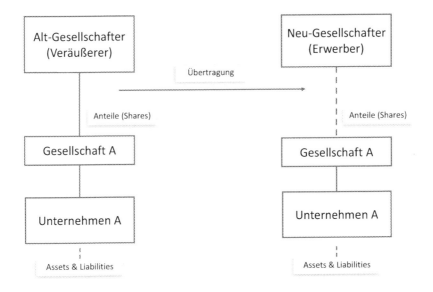

Abb. 4.2 Share Deal

der sog. Singularsukzession und die Übertragung vom Verkäufer auf den Käufer folgt daher den Rechtsregeln für den jeweiligen einzelnen Vermögensgegenstand:

- Grundstücke: Notarielle Beurkundung
- Bewegliche Sachen: Übereignung (Bestimmtheitsgrundsatz)
- Forderungen und IP, intellectual property (Geistiges Eigentum): Abtretung
- Verträge: Vertragsübernahme (Zustimmung des Vertragspartners erforderlich)

Im Asset Deal wird nur erworben, was im M&A-Kaufvertrag oder den Anlagen hierzu auch erfasst ist. Daher ist hier ein sog. cherry picking grundsätzlich einfacher und bestimmte Wertgegenstände bzw. Verbindlichkeiten können einfach ausgeklammert werden und sind dann nicht Teil der M&A-Transaktion. Abb. 4.3 stellt den Asset Deal grafisch dar.

4.7.2   Notarielle Beurkundung bei Anteilsveräußerungen (Share Deal)

Geschäftsanteile an einer GmbH (sog. GmbH-Anteile) können nur in Form der notariellen Beurkundung übertragen werden. Der Grund hierfür liegt einerseits in der ursprünglichen gesetzgeberischen Intention, GmbH-Anteile nicht frei handelbar zu gestalten, andererseits in der besonderen Beweis-, Schutz-, und Warnfunktion einer notariellen Beurkundung.

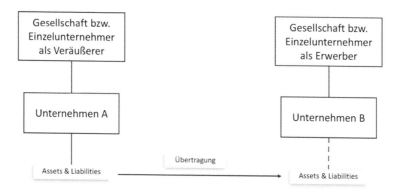

Abb. 4.3   Asset Deal

Notare sind grundsätzlich zur neutralen Beratung der Parteien eines GmbH-Anteilsübertragungsvertrages verpflichtet.

4.7.3 Kündigung, Liquidation und Insolvenz

Sieht die Satzung der GmbH keine Kündigung durch den einzelnen Gesellschafter vor, so ist eine Kündigung ohne wichtigen Grund nicht möglich; dann bedarf es eines wichtigen Grundes. Im Einzelnen sind die Voraussetzungen für eine Kündigung aus wichtigem Grund umstritten und es wird in der Praxis stets in puncto Nachweis des wichtigen Grundes bzw. dessen Qualifikation als „wichtig" Schwierigkeiten geben. Daher sind ausdrücklich geregelte Kündigungsmöglichkeiten im Gesellschaftsvertrag der GmbH (sprich Satzung) ratsam.

Die Liquidation setzt neben dem Auflösungsbeschluss der Gesellschafter die Einhaltung des Verfahrens und der Liquidationsfrist von einem Jahr voraus (sog. Sperrjahr gemäß § 73 GmbHG), in welchem die Gläubiger dreimal öffentlich aufgefordert werden müssen, ihre Forderungen geltend zu machen (z. B. im elektronischen Bundesanzeiger). Während der Abwicklung müssen die Liquidatoren eine Liquidationseröffnungsbilanz aufstellen, die bekannten Gläubiger befriedigen und nach Ablauf des Sperrjahres das etwaige Restvermögen durch eine Liquidationsschlussbilanz bestimmen und an die GmbH-Gesellschafter auskehren. Die Liquidation der GmbH ist daher entsprechend zeitaufwendig; ein wesentlicher Vorteil gegenüber der Insolvenz ist jedoch, dass die Person des Liquidators selbst bestimmt werden kann, wohingegen ein Insolvenzverwalter durch das Insolvenzgericht (Amtsgericht) bestimmt wird.

Die Insolvenz der GmbH richtet sich nach den allgemeinen insolvenzrechtlichen Regelungen. Hinzuweisen ist besonders auf die Insolvenzantragspflicht der Geschäftsführung gemäß § 15a InsO und die strafrechtlichen Folgen einer etwaigen verspäteten Stellung eines Insolvenzantrages; die Pflicht zur Insolvenzantragstellung trifft im Falle der Führungslosigkeit die Gesellschafter.

Ein Insolvenzantrag ist gemäß § 15a InsO ohne schuldhaftes Zögern (also unverzüglich), spätestens aber drei Wochen, nach Vorliegen der Überschuldung bzw. der Zahlungsunfähigkeit zu stellen.

Der Insolvenzgrund der Zahlungsunfähigkeit gemäß § 17 InsO liegt vor, wenn die GmbH nicht mehr in der Lage ist, ihren fälligen Zahlungsverpflichtungen nachzukommen. Zur Abgrenzung von sog. (nur) Zahlungsstockungen zur eigentlichen Zahlungsunfähigkeit wird auf die Rechtsprechung des BGH verwiesen.

Hiernach gilt sinngemäß: Sind die fälligen Verbindlichkeiten nur unwesentlich nicht gedeckt, liegt noch keine Zahlungsunfähigkeit vor. Von einer solchen Unwesentlichkeit ist auszugehen, wenn die ungedeckten Verbindlichkeiten weniger als 10 % betragen. Eine zeitlich kurzfristige unschädliche Zahlungsstockung ist anzunehmen, wenn die Zahlungslücke nur drei Wochen oder weniger besteht. Beträgt die Liquiditätslücke der GmbH jedoch 10 % oder mehr, ist regelmäßig von Zahlungsunfähigkeit auszugehen, sofern nicht ausnahmsweise mit an Sicherheit grenzender Wahrscheinlichkeit davon auszugehen ist, dass die Liquiditätslücke demnächst vollständig oder fast vollständig beseitigt werden wird und den Gläubigern ein Zuwarten nach den besonderen Umständen des Einzelfalls zuzumuten ist (BGH, Urteil vom 24.05.2005, Az: IX ZR 123/04).

Die Überschuldung liegt gemäß § 19 InsO vor, wenn das Vermögen der GmbH die Verbindlichkeiten nicht mehr deckt (zu ermitteln in einer sog. Überschuldungsbilanz) *und* die Fortführung des Unternehmens der GmbH ist nicht überwiegend wahrscheinlich (sog. fehlende positive Fortführungsprognose – englisch going concern).

Jedenfalls ist im typischen Krisenverlauf (Strategiekrise, Ergebniskrise, Liquiditätskrise, Insolvenz) rechtzeitig Expertenrat von den relevanten Disziplinen einzuholen (RA, WP/StB).

Die GmbH & Co. KG im Überblick

Die GmbH & Co. KG ist eine KG, bei der der Komplementär keine natürliche Person ist, sondern eine GmbH. Der persönlich haftende Gesellschafter (phG) wird also nicht ein Mensch, sondern eine GmbH, die – wie gezeigt – wiederum nur mit ihrem Gesellschaftsvermögen haftet. Damit wird erreicht, dass kein Gesellschafter der GmbH & Co. KG unbeschränkt haften kann.

Abb. 5.1 zeigt die Struktur der GmbH & Co. KG.

5.1 Gründung

Die Gründung der GmbH und Co. KG entspricht der Gründung der KG, vorausgesetzt, die Komplementär-GmbH besteht bereits; andernfalls ist zunächst die Komplementär-GmbH zu gründen und sodann die GmbH & Co. KG. Sollte dies zu langwierig sein, empfiehlt sich der Erwerb einer Vorratsgesellschaft.

5.2 Kapital und Gesellschafter/Organe

Hinsichtlich der Komplementär-GmbH bestehen keine GmbH-rechtlichen Besonderheiten. Das Verhältnis zwischen Komplementär-GmbH und Kommanditist(en) ist rein KG-rechtlich zu betrachten.

© Springer Fachmedien Wiesbaden GmbH, ein Teil von Springer Nature 2020   33
C. Engelhardt, *Die GmbH*, essentials,
https://doi.org/10.1007/978-3-658-28573-9_5

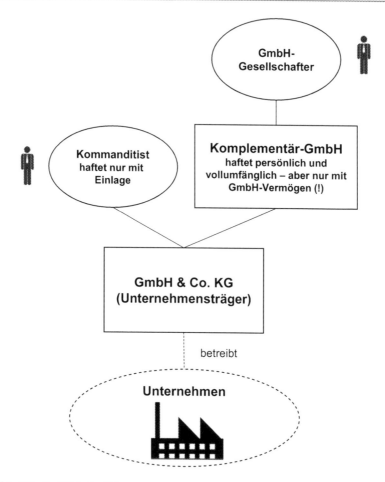

Abb. 5.1 GmbH & Co. KG

5.3   Corporate Governance – Führung und Vertretung

Die KG wird vom persönlich haftenden Gesellschafter (Komplementär) geführt und nach außen vertreten im Rechtsverkehr; im Falle der GmbH/& Co. KG ist dies die Komplementär-GmbH – die Komplementär-GmbH wird wiederum durch ihren Geschäftsführer vertreten.

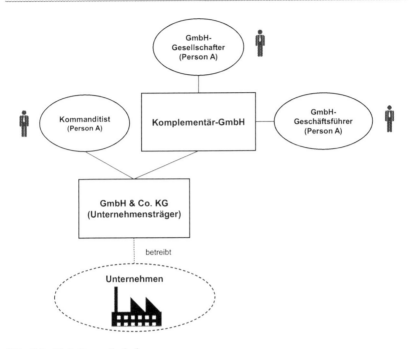

Abb. 5.2 Einheitsgesellschaft

Um die Anzahl an Gesellschaftern zu reduzieren, wurde das Modell der sog. Einheitsgesellschaft erfunden. Hierbei ist der Gesellschafter der Komplementär-GmbH identisch mit dem Kommanditisten der GmbH & Co. KG. In den Gesellschaftsverträgen der GmbH und der GmbH & Co. KG werden gegenseitig aufeinander bezugnehmende Regelungen verankert, sodass der Kommanditist faktisch die Geschäftsführung der GmbH & Co. KG übernimmt.

Abb. 5.2 zeigt die Struktur der Einheits-GmbH & Co. KG.

5.4   Verkauf/Liquidation und Insolvenz

5.4.1   Veräußerung der GmbH & Co. KG

Im Verkaufsfall ist zu beachten, dass sowohl die Anteile an der KG als auch die Anteile an der GmbH zu übertragen sind. KG-Anteile können formfrei übertragen werden und daher reicht hier ein privatschriftlicher Anteilskaufvertrag aus. Allerdings können – wie gezeigt – Anteile an der GmbH nur mittels notarieller Beurkundung übertragen werden. Nun wäre es denkbar und aus Kostenerwägungen womöglich sinnvoll, beide Anteile getrennt voneinander zu übertragen und nur die Anteile an der Komplementär-GmbH notariell beurkundet zu übertragen; da die Komplementär-GmbH in der Regel nur eine Hülle bzw. Zweckgesellschaft ist und die wahren Werte in der KG liegen, wäre dieser Weg hinsichtlich der Notargebühren durchaus interessant. Allerdings spricht hiergegen der sog. Grundsatz der Gesamtbeurkundung, wonach sich die Beurkundungspflicht eines Geschäftes auch auf alle mit diesem Geschäft in unmittelbarem Zusammenhang stehenden Geschäfte auswirkt. Natürlich würde man beim Erwerb einer GmbH & Co. KG nur selten isoliert nur die GmbH erwerben, allenfalls nur isoliert die KG – am einfachsten ist aber der Weg der einheitlichen Übernahme beider Gesellschaften. Daher stehen beide Geschäfte wohl in der Mehrzahl der Fälle in einem solchen Zusammenhang, der auch die Übertragung der KG-Anteile der Pflicht zur notariellen Beurkundung unterwerfen dürfte.

5.4.2 Kündigung, Liquidation und Insolvenz

Kündigung und Liquidation der GmbH richten sich nach den GmbH-rechtlichen Vorschriften; Kündigung und Liquidation der KG nach den KG-rechtlichen Vorschriften.

Für die Insolvenz gelten die allgemeinen insolvenzrechtlichen Vorgaben. Die Pflicht zur Stellung des Insolvenzantrages für die (GmbH & Co.) KG trifft den Geschäftsführer der Komplementär-GmbH.

Der Gesellschaftsvertrag (Satzung)   6

Was wird warum an welcher Stelle geregelt?
Wird der Gesellschaftsvertrag vom Rechtsanwalt oder Notar (oder gar vom Steuerberater) vorgegeben? Richtig ist, dass ein Gesellschaftsvertrag nicht ohne anwaltlichen Rat abgeschlossen werden sollte, und aufgrund der Formzwänge im GmbH-Recht ist dies auch aus gutem Grund ohne notarielle Beurkundung nicht möglich. Allerdings sind diese Dokumente immer nur so gut wie der Input der zukünftigen Gesellschafter; denn die wesentlichen Themen des Gesellschaftsvertrages können auch die juristischen Laien sehr gut umreißen und damit ihren Beratern aufzeigen, worauf es ihnen wirklich ankommt.

6.1   Gliederung des Gesellschaftsvertrages

Nahezu jeder Gesellschaftsvertrag einer GmbH folgt in seiner Gliederung dem folgenden ungefähren Schema.

- Präambel
- Firma, Gegenstand der Gesellschaft/Unternehmensgegenstand
- Sitz, Dauer, Geschäftsjahr
- Organe der Gesellschaft
- Kapital, Einlagen, Gesellschafter
- Geschäftsführung und Vertretung
- Gesellschafterversammlungen, Beschlussfassung und Mehrheiten
- Gewinne und Verluste der Gesellschaft und deren Verwendung
- Übertragung von Anteilen und Belastung von Anteilen
- Kündigung, Erbfall und Einziehung von Anteilen

© Springer Fachmedien Wiesbaden GmbH, ein Teil von Springer Nature 2020   37
C. Engelhardt, *Die GmbH*, essentials,
https://doi.org/10.1007/978-3-658-28573-9_6

- Abfindung
- Wettbewerbsverbot
- Beirat, Aufsichtsrat, Investment Committee
- Verschiedenes
- Schlussbestimmungen

6.2   Erläuterungen zu den einzelnen Regelungen des Gesellschaftsvertrages

6.2.1   Präambel

Die Präambel ist nicht zwingend erforderlich. Hier können die Gesellschafter jedoch ihre grundlegenden Motivlagen bei Gründung der Gesellschaft niederlegen. In einer Präambel werden beispielsweise die Rolle der einzelnen Gesellschafter und das mit der Gesellschaftsgründung allgemein angestrebte Ziel umrissen. So liest sich beispielsweise die Präambel einer Ein-Personen-GmbH deutlich kürzer als die Präambel einer Joint-Venture-Gesellschaft.

6.2.2   Firma, Gegenstand der Gesellschaft/ Unternehmensgegenstand

Die Firma ist der Name der Gesellschaft. Hierbei sollte auf etwaige Markenrechtsverletzungen bzw. bereits bestehende Firmen ähnlicher oder gleicher Anmutung hinreichend geachtet werden, um nicht nachträglich die Firma durch eine Änderung des Gesellschaftsvertrages wieder ändern zu müssen.

Der Unternehmensgegenstand bzw. der Zweck der Gesellschaft beschreibt die konkrete Tätigkeit der Gesellschaft. Hieran ist die Geschäftsführung gebunden und der Zweck sollte sorgsam gewählt werden bzw. eine Öffnungsklausel enthalten, die weitere Ausgestaltungen ermöglicht.

Es empfiehlt sich, sich bei der Wahl der Firma und des Unternehmenszweckes vor dem notariellen Gründungsakt mit der örtlich zuständigen Industrie- und Handelskammer abzustimmen. Häufig kann man Anfragen per E-Mail stellen und erhält innerhalb kurzer Frist (erfahrungsgemäß wenige Stunden oder Tage) eine Unbedenklichkeitsbescheinigung bzw. entsprechende firmenrechtliche Hinweise. Diese Unbedenklichkeitsbescheinigung wird mit der Gründung ebenfalls dem Handelsregister eingereicht und macht dort eine Prüfung unnötig und beschleunigt den Vorgang der Handelsregistereintragung.

6.2.3 Sitz, Dauer, Geschäftsjahr

Sitz der Gesellschaft ist der Ort (politische Gemeinde), an welchem die Gesellschaft ihren Hauptsitz und ihre Verwaltung hat. Der Sitz der Gesellschaft ist unter anderem aus Gesichtspunkten der Gewerbesteuer relevant, da es sich hierbei um eine Steuer handelt, die von den Kommunen erhoben wird und deren Höhe relevant abweichen kann.

Üblicherweise werden Gesellschaften auf unbestimmte Dauer geschlossen. Nur in Ausnahmefällen erscheint es sinnvoll, eine Gesellschaft auf eine bestimmte Dauer zu befristen, da die Gesellschaft dann mit Ende der Dauer automatisch beendet ist.

Ob als Geschäftsjahr das Kalenderjahr oder ein hiervon abweichender Zeitraum gewünscht ist, hängt in aller Regel ab von entweder dem Marktumfeld der Gesellschaft (z. B. saisonal) oder von bestimmten Vorgaben der Gesellschafter, z. B. mit ihrerseits abweichendem Geschäftsjahr.

6.2.4 Organe der Gesellschaft

Da sich die Organe der GmbH aus dem Gesetz ergeben, findet man dies nur, wenn die Gesellschaft ein Organ hat, das gesetzlich nicht geregelt ist, wie beispielsweise einen Beirat oder ein Investment Committee oder einen freiwilligen Aufsichtsrat. Diese sind dann gesondert zu regeln.

6.2.5 Kapital, Einlagen, Gesellschafter

An dieser Stelle wird geregelt, welcher Gesellschafter welche Leistungen in welchem Umfang zu erbringen hat.

Sicherlich ist die einfachste Form der Gründung einer sog. Bargründung. Dabei wird die Leistung der Stammeinlage durch Bareinlage (also durch Überweisung von Geld auf das GmbH-Bankkonto) vereinbart. Denkbar sind auch sog. Sachgründungen, bei denen das Stammkapital nicht in Form von Geld, sondern in Form von einzulegenden Sachen (Gegenstände, Forderungen) vereinbart wird. Im Grundsatz kann alles eingelegt werden im Rahmen der Sachgründung, was einen nachweisbaren Wert hat (nicht aber noch zu erbringende Dienstleistungen) und daher auch beispielsweise auch Patente etc.

Möglich sind auch sog. Mischgründungen: Es kann beispielsweise festgelegt werden, dass ein Gesellschafter seine Einlage als Bareinlage (durch Überweisung von Geld) und ein anderer Gesellschafter seine Einlage als Sacheinlage (durch Übereignung einer Sache – z. B. Maschine) erbringt. Auch wird die Beteiligungshöhe hier festgeschrieben und womöglich festgelegt, wer überhaupt Gesellschafter sein kann (Familienangehörige bei Familiengesellschaften, Steuerberater bei StB-Gesellschaften etc.).

6.2.6 Geschäftsführung und Vertretung

Geschäftsführung und Vertretung sind möglichst ausdrücklich in ihrem Umfang zu regeln. Häufig wird der Geschäftsführung ein bestimmter Rahmen bzw. Handlungsspielraum zugemessen und flankierend dazu ein Katalog der sog. zustimmungspflichtigen Geschäfte erstellt; Geschäfte in diesem Katalog darf dann die Geschäftsführung nur mit vorheriger Zustimmung der Gesellschafter durchführen (z. B. Eingehen von Verbindlichkeiten in bestimmter Höhe etc.).

6.2.7 Gesellschafterversammlungen, Beschlussfassung und Mehrheiten

Es sollten die Modalitäten der Gesellschafterversammlung (Ort, Zeit, Einladungsfrist, Vorsitz, Protokoll) sowie die Art und die Gegenstände der Beschlussfassung (z. B. auch per E-Mail oder Telefonkonferenz) sowie die für die Beschlussfassung erforderlichen Mehrheiten geregelt werden. Auch sollte geregelt werden, ab welcher Präsenz eine Gesellschafterversammlung überhaupt beschlussfähig ist und in welchem Zeitraum eine Wiederholung mit anderer Präsenz erfolgen kann. Es kann beispielsweise vereinbart werden, dass bestimmte Beschlussgegenstände bestimmte Mehrheiten erfordern, oder es können einzelnen Gesellschaftern zu bestimmten Themen auch Veto-Rechte eingeräumt werden.

Ist es gewünscht, dass bestimmten GmbH-Gesellschaftern Sonderrechte eingeräumt werden, so ist hier der richtige Platz. Dabei sieht die beratende Praxis hier jegliche denkbare Spielart. Beispielsweise können bestimmte GmbH-Anteile mit Sonderrechten auf Dividende etc. ausgestattet werden, wie dies in den USA im Venture Capital durchaus üblich ist (dort spricht man von unterschiedlichen Anteilsklassen). Ob – entsprechend den stimmrechtslosen Vorzugsaktien in der

AG – auch in der GmbH die Ausgabe von GmbH-Anteilen gänzlich ohne Stimmrecht zulässig ist, ist im Einzelnen höchst umstritten. Hier bieten sich allerdings Stimmbindungsverträge an, mit denen sich einzelne Gesellschafter vertraglich (außerhalb der Satzung) verpflichten, stets im Sinne ihrer Vertragspartner abzustimmen bzw. hierzu bereits Vollmacht erteilen.

Daneben sollte unbedingt geregelt werden, wie und mit welcher Frist und auf welche Art sich Gesellschafter gegen Beschlüsse der Gesellschafterversammlung wehren können. Fehlt es an solchen Regelungen für den sog. Gesellschafterstreit, ist auf die Regelungen des Aktiengesetzes zu Nichtigkeits- und Anfechtungsklagen zurückzugreifen, welche im Wesentlichen entsprechend in der GmbH gelten. Allerdings ist dieser Rückgriff im Einzelfall in der rechtlichen Literatur und Rechtsprechung streitig und zu vielen Detailfragen fehlen höchstrichterliche Urteile.

6.2.8 Gewinne und Verluste der Gesellschaft und deren Verwendung

Ziel jeder Unternehmung ist die Erwirtschaftung von Gewinnen. Möglich sind natürlich auch Verluste.

Die Gesellschafter sollten regeln, wann und wie der Jahresabschluss aufzustellen und festzustellen ist und wie die Ergebnisverwendung bzw. Ergebniszuweisung erfolgen soll. Dabei kann in bestimmten Grenzen von den tatsächlichen Anteilsverhältnissen abgewichen werden bzw. kann einigen Gesellschaftern ein Vorabgewinn (unter Anrechnung auf den späteren Gewinnanspruch) gewährt werden, was häufig bei jüngeren geschäftsführenden Gesellschaftern vereinbart wird, um die unterjährige Lebenshaltung zu gewährleisten.

Gerade Minderheitsgesellschafter sollten darauf achten, dass in der Satzung Regelungen aufgenommen werden, die ihnen die Ausübung ihres Gewinnbezugsrechtes auch ermöglichen. Denn fehlt eine solche Regelung in der Satzung, ist es denkbar, dass der Mehrheitsgesellschafter keinerlei Gewinnausschüttung beschließt (z. B. um die Minderheit „auszubluten"). Da zu diesen Fallgestaltungen kaum Rechtsprechung existiert, ist eine Klage eines Minderheitsgesellschafters auf Ausschüttung von Gewinnen gegen die Beschlussfassung des Mehrheitsgesellschafters stets riskant, da eine Interessensabwägung durch das Gericht vorgenommen werden muss zwischen den Interessen von Mehrheit auf Thesaurierung und Minderheit auf Ausschüttung.

6.2.9 Übertragung von Anteilen und Belastung von Anteilen

Nicht nur das Gesetz kennt unter Umständen bestimmte Voraussetzungen für die Übertragung oder Belastung von Anteilen (z. B. Verpfändung, Unterbeteiligung). Häufig ist in Gesellschaftsverträgen auch geregelt, dass Übertragungen und Belastungen der Zustimmung der übrigen Gesellschafter – mehrheitlich oder einstimmig – bedürfen. Ist die Übertragung von Anteilen an die Zustimmung der Gesellschafter oder der Gesellschaft geknüpft, spricht man von einer Vinkulierung der Anteile. Solch eine Vinkulierung hat insbesondere da ihre Berechtigung, wo die einzelnen Gesellschafter aufgrund ihrer individuellen Fähigkeiten oder Kenntnisse etc. gefragt sind, und man eben nicht mit „jedermann" in einer Gesellschaft sein möchte.

Beispielhaft zu nennen sind hier zwei plakative Fälle: (1) In einem Joint Venture zweier Unternehmen ist es klar, dass eben nur diese beiden Joint-Venture-Partner die Anteile halten dürfen bzw. dass ein Anteilswechsel auf einen Dritten stets der vorherigen Zustimmung des jeweils anderen Joint-Venture-Partners bedarf; (2) bei der Finanzierung von Gründern im Bereich Start-up/Venture Capital sind für den Finanzier der oder die Gründer(innen) von essentieller Bedeutung, und sollen Personen nur mit Zustimmung des Finanziers ausscheiden können.

6.2.10 Kündigung, Erbfall und Einziehung von Anteilen

Keine Gesellschaft ist auf Ewigkeit ausgelegt. Es sollten daher Umstände erwogen und Fälle geregelt werden, die eine Kündigung durch einen Gesellschafter selbst oder durch die übrigen Gesellschafter ihm gegenüber rechtfertigen. Verliert beispielsweise in einer Rechtsanwaltsgesellschaft ein Gesellschafter seine Zulassung als Rechtsanwalt, so kann er nicht mehr Gesellschafter bleiben.

Auch der Erbfall sollte bedacht werden, und es sollte festgelegt werden, ob die Erben Gesellschafter werden dürfen, oder ob im Erbfall der oder die betroffenen Anteile eingezogen werden mit einer finanziellen Abfindung für die Erben.

Es mag in bestimmten Situationen eine Ehescheidung ein ähnliches Interesse hervorrufen.

6.2.11 Kündigung und Abfindung

Wer aus der Gesellschaft ausscheidet ohne Verkauf (aufgrund Kündigung oder Einziehung – freiwillig oder zwangsweise), dem steht Anspruch auf Abfindung des Wertes seiner Anteile zu.

Im Einzelnen wird hier zu unterscheiden sein zwischen dem sog. good leaver und dem sog. bad leaver. Wer selbst kündigt im Einvernehmen, wird eine höhere Abfindung erhalten als der Gesellschafter, von dem man sich gegen dessen Willen trennt und der damit zwangsweise ausscheidet. Die Rechtsprechung zieht hier jedoch Grenzen bezüglich der Unterscheidung in der Höhe der Abfindung. Beispielsweise ist es regelmäßig unzulässig, einen zwangsweise ausscheidenden Gesellschafter ohne jegliche Abfindung oder mit nur einem geringen Teil des wirklichen wirtschaftlichen Wertes seines Anteils abzufinden.

6.2.12 Wettbewerbsverbot

Häufig sind die einzelnen Gesellschafter nicht zu 100 % für die zu gründende GmbH tätig, sondern verfolgen auch neben der Gesellschaft noch Ziele bzw. betreiben Unternehmen. Dies ist üblich und auch absolut legitim. Gesellschafter sind Unternehmer und keine Arbeitnehmer. Häufig ist es sogar gewünscht, dass ein Gesellschafter gerade seine Expertise aus seinen weiteren Unternehmungen mit in die zu gründende Gesellschaft einbringt.

In diesem Fall ist es jedoch tunlich, über Wettbewerbsverbote im konkreten Fall nachzudenken. Denn der Gesellschafter sollte nicht direkt oder indirekt in Wettbewerb mit der Gesellschaft treten dürfen bzw. sollten bestimmte Betätigungen ausdrücklich erlaubt sein. Je genauer die Wettbewerbssituation einschätzbar ist und je deutlicher Wettbewerbsverbote bzw. zulässige Tätigkeiten erfasst werden können, desto geringer ist die Wahrscheinlichkeit für Streit.

Regelt man zum Wettbewerbsverbot nichts, so bleibt es bei den allgemeinen gesellschaftsrechtlichen Grundsätzen, wonach den Gesellschafter ein Schädigungsverbot trifft; der Nachweis ist schwierig und daher sind Ansprüche schwieriger durchsetzbar.

Auch für die Zeit nach dem Ausscheiden eines Gesellschafters ist an ein Wettbewerbsverbot zu denken. Solche sogenannte nachvertragliche Wettbewerbsverbote nur dann wirksam, wenn sie auch ausdrücklich vereinbart werden. Das bedeutet, ein Wettbewerbsverbot auch für die Zeit nach Ausscheiden aus der Gesellschaft muss ausdrücklich geregelt sein im Gesellschaftsvertrag (oder einer Gesellschaftervereinbarung). Üblicherweise gehen solche nachvertraglichen Wettbewerbsverbote über einen Zeitraum von zwei Jahren nicht hinaus (längere Zeiträume dürften regelmäßig unwirksam sein). Auch bedürfen solche Regelungen einer inhaltlichen und räumlichen Begrenzung und dürfen nicht indirekt zu einem Berufsverbot des ausscheidenen Gesellschafters führen.

6.2.13 Streitbeilegung

Häufig werden Mechanismen zur Schlichtung von Meinungsverschiedenheiten zwischen den Gesellschaftern vereinbart; diese sehen das Hinzuziehen eines weiteren Gremiums (z. B. Beirat) oder externer Berater oder Schlichter oder Mediatoren vor. Den Gesellschafterstreit zu regeln ist wichtig, um nicht – wie bereits oben angeklungen – nur auf die teilweise anwendbaren aktienrechtlichen Regelungen zurückfallen zu müssen; die aktienrechtlichen Regelungen sind zwar im Grundsatz stets für die GmbH auch passend, da es sich auch um eine Kapitalgesellschaft handelt, allerdings ist das Aktiengesetz für eine Gesellschaft mit einer Vielzahl von Gesellschaftern (sog. Publikumsgesellschaft) ausgelegt, und die GmbH ist in der absoluten Mehrheit der praktischen Fälle eine Gesellschaft mit einem sehr übersichtlichen Gesellschafterkreis.

6.2.14 Beirat, Aufsichtsrat, Investment Committee

Soll die Gesellschaft eines dieser Gremien erhalten, so sind die Rechte und Pflichten sowie die Zusammensetzung und innere Ordnung (Geschäftsordnung) des Gremiums zu regeln. Soll beispielsweise ein Beirat in der Hierarchie zwischen Geschäftsführung und Gesellschafterversammlung verankert werden, ist besonderes Augenmerk auf die jeweiligen Zuständigkeiten und Zustimmungserfordernisse zu legen.

Häufig sind Beiräte jedoch lediglich aus Gründen des Marketing oder der Beziehungspflege installiert; in diesem Fall bedarf es überhaupt keiner Regelung im Gesellschaftsvertrag, da solche Beiräte weder Rechte noch Pflichten innehaben.

Ist ein Aufsichtsrat nicht Pflicht (wie z. B. bei Kapitalanlagegesellschaften, bestimmten Montangesellschaften oder aufgrund einer Mitarbeiterzahl von über 500), so ergeben sich die Rechte und Pflichten des Aufsichtsrates ebenfalls primär aus der Satzung der GmbH.

Gleich welches Gremium geschaffen werden soll, ist aber zu beachten, dass die Letztentscheidung über wesentliche Themen stets bei den Gesellschaftern durch Beschlussfassung in der Gesellschafterversammlung liegen sollte. Eine indirekte Entmachtung der Gesellschafter sollte nicht versehentlich geregelt werden.

6.2.15 Verschiedenes

Dies ist der Ort im Gesellschaftsvertrag für Themen, die unter den übrigen Überschriften keine rechte Anknüpfung gefunden haben – so solche im konkreten Fall denn existieren.

6.2.16 Schlussbestimmungen

Rechtswahl, Art und Ort der Gerichtsbarkeit (ordentlich oder Schiedsgerichtsbarkeit) im Falle des Streites sowie die sog. salvatorische Klausel finden sich hier. Dabei kann sowohl die Rechtswahl als auch die Frage der Gerichtsbarkeit im Streitfall kostenrelevant sein und sollte daher bei Vertragsschluss besprochen werden. Schiedsgerichte können teurer sein, bieten aber dafür auch Vorteile wie beispielsweise Vertraulichkeit (ordentliche Gerichte verhandeln öffentlich). Verschwiegenheit und Pressemitteilungen werden ebenfalls hier geregelt (soweit erforderlich).

Der Geschäftsführer- Anstellungsvertrag

7

Was wird warum an welcher Stelle geregelt? Bedarf es überhaupt eines Vertrages?

Geschäftsführer ist, wer durch Beschluss der Gesellschafterversammlung dazu bestellt worden ist. Die Bestellung ist ein sog. organschaftlicher Akt und ist sofort wirksam; auf die Eintragung der Person als Geschäftsführer im Handelsregister kommt es für die Wirksamkeit der Bestellung nicht an – diese Eintragung ist rein deklaratorisch und nicht konstitutiv.

Der Geschäftsführer-Anstellungsvertrag (je nach Ausgestaltung ein reiner Dienstvertrag oder ein Arbeitsvertrag) regelt jedoch die Inhalte der Tätigkeit, wie beispielsweise Dauer, Vergütung etc. Daher ist es durchaus ratsam, einen solchen Vertrag abzuschließen, zumindest wenn der Geschäftsführer nicht zugleich personenidentisch ist mit dem Gesellschafter in der sog. Ein-Personen-Gesellschaft.

7.1 Aufgabenbereich und Pflichten, Zustimmungspflichtige Geschäfte

Es gilt zu regeln, was die Aufgaben des Geschäftsführer sind, welche Pflichten er hat und welche Befugnisse. Da der Vertrag zwischen der GmbH und dem Geschäftsführer auf schuldrechtlicher Basis geschlossen wird, kommt es an dieser Stelle häufig zu Überschneidungen mit der Geschäftsordnung für die Geschäftsführung (siehe Kap. 8). Es sollten dabei aber nur im Ausnahmefall einzelne Regelungen der Geschäftsordnung wörtlich übernommen werden, da die Geschäftsordnung jederzeit durch Beschluss der Gesellschafterversammlung geändert werden kann, der Geschäftsführer-Anstellungsvertrag aber nicht einseitig auf Wunsch nur der GmbH angepasst wird, sondern als Vertrag nur einvernehmlich revidiert wird.

© Springer Fachmedien Wiesbaden GmbH, ein Teil von Springer Nature 2020
C. Engelhardt, *Die GmbH*, essentials,
https://doi.org/10.1007/978-3-658-28573-9_7

7.2   Vergütung

Die Auswahl unter gängigen Vergütungsmodellen ist groß und jedes Unternehmen hat hierzu eine eigene Philosophie erarbeitet.

Neben den fixen Vergütungsbestandteilen wird Geschäftsführern in aller Regel auch eine durchaus relevante variable Vergütung ausgelobt als Anreiz. Aufgrund wissenschaftlicher Erkenntnisse gibt es einen Trend, Anreize längerfristig und damit an der Nachhaltigkeit des Unternehmenserfolges zu bemessen, anstatt kurzfristige Erfolge zu belohnen. Dabei ist die Auswahl der richtigen Ziele bzw. der richtigen Anreize von größter Bedeutung. Es besteht wohl inzwischen Einigkeit, dass langfristig wirkende Anreize für das Unternehmen deutlich vorteilhafter sind, als lediglich jährlich messbare Kennzahlen. Allerdings ist dabei zu beachten, dass häufig gewünscht ist von Unternehmensseite, die Laufzeit des Geschäftsführer-Anstellungsvertrags kurz bzw. begrenzt zu halten (z. B. drei Jahre), um im Falle etwaiger Unstimmigkeiten bzw. sich nicht einstellender Erfolge die Person auswechseln zu können. Hier entsteht zwangsläufig ein Dilemma zwischen kurzen Vertragslaufzeiten und langfristigen Incentivierungen.

7.3   Vertragsdauer und Kündigung

In aller Regel wird die Laufzeit eines Geschäftsführer-Anstellungsvertrages begrenzt auf einen überschaubaren Zeitraum von beispielsweise drei Jahren. Dies kann damit verbunden werden, dass der GmbH ein vorzeitiges Sonderkündigungsrecht eingeräumt wird, wenn bestimmte vereinbarte Ziele bzw. Erfolge nicht erreicht werden können. Umgekehrt wird häufig versucht, etwaige Kündigungsrechte des Geschäftsführers auszuschließen für den Zeitraum der Laufzeit. Die Wirksamkeit und Durchsetzbarkeit solcher Klauseln ist im Einzelfall zu prüfen, da die Schaffung einer offenkundigen und auch relevanten Ungleichheit zur Unwirksamkeit der Kündigungsregelungen führen kann.

7.4   Reisekosten, Spesen, Auslagen

Häufig wird das Unternehmen Richtlinien zu Reisekosten etc. haben und auf diese wird an dieser Stelle Bezug genommen, um den Geschäftsführer auch diesen Richtlinien zu unterwerfen. Insbesondere Spesen und Auslagen sind bei Geschäftsführern beachtlich, da diese häufig relevante Kostenpositionen sein können (z. B. Flugreisen erster Klasse).

7.5   Dienstwagen

In wohl kaum einem Land sind Mitarbeiter und Manager so interessiert an dem Thema Dienstwagen wie hierzulande. Der Dienstwagen ist nach wie vor ein Statussymbol, auch wenn heutzutage Leasing-Lösungen und korrespondierende Steuerpflichten das nicht mehr ganz rechtfertigen.

Hat das Unternehmen eine Dienstwagenregelung, ist an dieser Stelle des Geschäftsführervertrages auf diese dynamisch zu verweisen, ggf. ergänzt um Besonderheiten bzw. besondere Forderungen des jeweiligen Geschäftsführers.

Es sollte darauf geachtet werden, dass die Auswahl des jeweiligen Dienstwagens nicht nur an den Kosten festgemacht wird, sondern auch am Image des Autos bzw. der Marke. Es gibt heutzutage Leasingmodelle, die beispielsweise die Kosten für das Leasing eines Bentley Cabriolet durchaus vergleichbar werden lassen mit den Kosten für eine Limousine der Oberklasse. Ob jedoch ein Bentley Cabriolet zum Image der GmbH passt (nach innen und außen), kann und darf in vielen Unternehmen hinterfragt werden. Man sollte nicht übersehen, dass auch die Dienstwagen des Managements und der Geschäftsführung von Kunden bzw. Mitarbeitern beachtet werden.

7.6   Versicherungen

Neben Kranken- und Unfallversicherung stellt sich hier insbesondere die Frage der Versicherung gegen Haftungsansprüche aus schädigendem Verhalten. Solche sog. Directors & Officers (kurz D&O) Versicherungen sind heutzutage wohl Standard und es stellt sich lediglich die Frage, ob der Geschäftsführer die Kostenübernahme durch die GmbH verhandeln kann oder ob er diese Haftpflichtversicherung selbst abschließt.

7.7   Erholungsurlaub

Gerade beim Thema Erholungsurlaub ist organisatorisch zu denken; es ist nicht zielführend, dass jeder Geschäftsführer Urlaubsanträge etwa bei der Gesellschafterversammlung einreicht. Wichtiger ist, dass das ihm obliegende Ressort hinreichend weiter geführt wird während der Abwesenheit. Daher ist die Abstimmung der Geschäftsführer untereinander hier zu regeln.

7.8 Bezüge bei Krankheit, Tod, Berufsunfähigkeit

Da Geschäftsführer keine normalen Angestellten sind, für die entsprechende Regelungen dem Gesetz entnommen werden können, müssen diese Punkte im Vertrag Eingang finden. Häufig wird an dieser Stelle auch die Versorgung von Hinterbliebenen geregelt.

7.9 Wettbewerbsverbot

Zwar unterliegt der Geschäftsführer bereits nach den allgemeinen gesellschafts-rechtlichen Grundsätzen einem Wettbewerbsverbot für die Dauer seiner Tätigkeit; insbesondere besagt die sog. Geschäfts-Chancen-Lehre, dass ein Geschäftsführer Geschäfts-Chancen der GmbH zuzuführen hat und nicht selbst auf eigene Rech-nung Geschäfte durchführen darf, die der GmbH zustehen.

Allerdings sind die Details des allgemeinen Wettbewerbsverbotes im Vertrag zu regeln. Was genau soll untersagt sein und was soll womöglich sogar erlaubt sein?

Zudem stellt sich häufig die Frage nach sog. nachvertraglichen Wettbewerbs-verboten für die Zeit nach dem Ausscheiden. Diese müssen sorgsam bedacht werden in ihrer Formulierung, da die Rechtsprechung ein faktisches Berufs-verbot für die Zeit nach dem Ausscheiden ausschließt; auch ist hierfür eine Ent-schädigung zu zahlen. In jedem Fall ist das nachvertragliche Wettbewerbsverbot sowohl inhaltlich als auch räumlich und zeitlich (wohl nicht mehr als zwei Jahre) zu begrenzen.

7.10 Geheimhaltung, Herausgabe von Unterlagen

Ähnlich dem Wettbewerbsverbot ist die Frage nach der Geheimhaltung. Geschäftsführer haben in aller Regel Zugang zu den Geschäftsgeheimnissen der GmbH. Daher muss geregelt werden, dass sie diese Kenntnisse während und nach der Laufzeit des Vertrages nicht nutzen dürfen. Auch hier stellt sich natürlich eine ähnliche Problematik wie bei den nachvertraglichen Wettbewerbsverboten in puncto indirektes Berufsverbot.

7.11 Erfindungen, geistiges Eigentum

Ist die Tätigkeit erfindernah bzw. kann geistiges Eigentum entstehen, sollte auch hier die Frage beantwortet werden, wem Erfindungen bzw. geistiges Eigentum zustehen soll.

7.12 Schlussbestimmungen

Wie in jedem Vertrag werden hier die Allgemeinthemen behandelt, z. B. Schriftform, Gerichtsstand etc.

Die Geschäftsordnung für die Geschäftsführung

8

Wozu dient eine Geschäftsordnung für die Geschäftsführung?
Nun stellt sich die Frage, wozu noch ein weiteres Dokument benötigt wird – zumal doch für die GmbH hierzu gesetzlich nichts geregelt ist (anders als in der Aktiengesellschaft). Die Notwendigkeit hierzu folgt rechts-praktisch aus der bereits mehrfach angeklungenen fehlenden Möglichkeit, den oder die Geschäftsführer in ihrer rechtlichen Vertretungsmacht (sprich organschaftliche Vertretungsmacht) zu beschränken, §§ 35, 37 GmbHG.

Während Geschäftsführer im Außenverhältnis wirksam eigentlich nur durch das Vier-Augen-Prinzip – umgesetzt in der Gesamtvertretung (also nur mit einem anderen Geschäftsführer zusammen) in ihrer Handlungsfreiheit eingeschränkt werden können, ist dies jedoch im Innenverhältnis durchaus möglich und sollte auch erfolgen.

Das Innenverhältnis betrifft die Rechtsbeziehung zwischen dem Geschäftsführer und der GmbH. In diesem Verhältnis wird nicht nur der Geschäftsführer-Anstellungsvertrag (siehe Kap. 7) geschlossen, sondern hier können ganz konkrete Regelungen über die Geschäftsführung getroffen werden. Auch kann hier das Verhältnis der einzelnen Geschäftsführer untereinander geklärt werden, die sog. Ressortverteilung.

8.1 Allgemeine Bestimmungen

Neben den einleitenden Regelungen wird die Geschäftsführung hier nochmals explizit zur Einhaltung von Gesetz, Satzung, Geschäftsordnung, Weisungen der Gesellschafterversammlung und der jeweiligen Geschäftsführer-Anstellungsverträge verpflichtet.

© Springer Fachmedien Wiesbaden GmbH, ein Teil von Springer Nature 2020
C. Engelhardt, *Die GmbH*, essentials,
https://doi.org/10.1007/978-3-658-28573-9_8

8.2   Ressortverteilung und Ressortführung

Dieses Kapitel zeigt auf, wer welchen inhaltlichen Verantwortungsbereich hat: z. B. CEO, CFO, Marketing & Vertrieb, Technik, Personal & Recht etc. Dies wird häufig verbunden mit einer grafischen Darstellung, beispielsweise durch ein Organigramm als Anlage zur Geschäftsordnung.

Zudem wird geregelt, dass jeder ressortverantwortliche Geschäftsführer zunächst die Ressorthoheit hat und Eingriffe der Mitgeschäftsführer in das eigene Ressort nur im Notfall zu dulden sind. Auch wird die Zusammenarbeit mehrerer Geschäftsführer geregelt für den Fall, dass einzelne Themen zwei oder mehrere Ressorts betreffen.

8.3   Gesamtverantwortung für die Geschäftsführung

Klargestellt wird, dass die Geschäftsführung eine Frage von gemeinschaftlicher Verantwortung ist und dass auch durch die Ressortverteilung die Gesamtverantwortung und Gesamthaftung nicht abbedungen wird. Die Tätigkeit der Geschäftsführung wird aus der Perspektive der Verantwortlichkeit bzw. der Haftung für schädigendes Verhalten als Kollegial-Tätigkeit eingestuft.

8.4   Beschlussfassung

Aufgrund der Gesamtverantwortung des Kollegialorgans aller Geschäftsführer bedarf es Regelungen zur Einbindung sämtlicher Mitglieder der Geschäftsführung. Denn wer gemeinschaftlich haften soll, bedarf zumindest der relevanten Informationen und darauf aufbauend der Möglichkeit der Verhinderung schädigenden Verhaltens im Vorfeld. Daher wird hier geregelt, in welchen Fällen die Gesamtgeschäftsführung über Themen bzw. Geschäftsvorfälle entscheiden muss und nicht nur der einzelne ressortverantwortliche Geschäftsführer.

8.5   Vorsitzender der Geschäftsführung

Häufig wird eine Person zum Vorsitzenden bestimmt – der sog. CEO (chief executive officer). Diesem obliegt neben bestimmten Fachthemen auch die organisatorische Gesamtführung der Geschäfte; oftmals wird dem Vorsitzenden auch ein Mehrstimmrecht in der Beschlussfassung der Geschäftsführer eingeräumt. Neben den Regelungen über die Ressortverteilung wird durch die für den Vorsitzenden geltenden Sonderregelungen die eigentliche Macht bzw. der eigentliche Einfluss des CEO hier begründet.

8.6   Zustimmungsbedürftige Geschäfte

Wie bereits in Abschn. 4.5 gezeigt, wird den Geschäftsführern ein Katalog der sog. zustimmungspflichtigen Geschäfte gegeben. Hierin werden inhaltliche und betragsmäßige Grenzen aufgezeigt, außerhalb derer der Geschäftsführer für die Vornahme eines Rechtsgeschäftes eines zuvor ergangenen Zustimmungsbeschlusses der Gesellschafterversammlung bedarf.

Es ist unbedingt anzuraten, einen solchen Katalog von Maßnahmen zu regeln. Denn dann ist klar festgelegt, inwieweit Handlungsfreiheit des Geschäftsführers (im Innenverhältnis) besteht und wo deren Grenze liegt.

Verstößt ein Geschäftsführer hiergegen und entsteht der Gesellschaft ein Schaden, so ist der Geschäftsführer zum Ersatz dieses Schadens persönlich verpflichtet; eine etwaige Versicherung (sog. Directors & Officers – kurz D&O) dürfte in diesem Fall ebenfalls nicht oder nur bedingt helfen.

Überblick über die UG – die sog. 1-Euro-GmbH

Die Unternehmergesellschaft (haftungsbeschränkt) – kurz UG (Haftungsbeschränkt) wird im Sprachgebrauch häufig auch als 1-Euro-GmbH oder Mini-GmbH bezeichnet.

Der Gesetzgeber von 2008 wollte eine eigene deutsche Rechtsform schaffen, welche originär ihren Ursprung hierzulande hat und zugleich als Alternative zu ausländischen Gesellschaften mit geringem oder keinem Haftungskapital (z. B. UK Limited) fungiert.

Ganz vereinfacht gesagt, ist die UG eine GmbH, bei der das Stammkapital kleiner EUR 25.000,00 ist. Hinzu kommen einige wenige weitere Besonderheiten:

Über die UG findet sich im GmbH-Gesetz überhaupt nur ein Paragraph. § 5a GmbHG regelt, dass die UG mit einem Stammkapital von weniger als EUR 25.000,00 (also mindestens aber EUR 1,00) gegründet werden kann und dann statt „GmbH" die Bezeichnung „Unternehmergesellschaft (haftungsbeschränkt) – kurz UG (Haftungsbeschränkt)" trägt.

Zudem ist das Stammkapital in voller Höhe einzuzahlen, wohingegen bei einer GmbH zunächst nur 1/4 des Stammkapitals (mindestens aber EUR 12.500,00) eingezahlt werden muss.

Das Stammkapital ist darüber hinaus in bar (durch Geldüberweisung) zu leisten und Sacheinlagen sind bei der UG nicht zulässig.

Bestimmte Bilanzierungsbesonderheiten zum Thema Rücklagenbildung regelt § 5a Abs. 3 GmbHG für die UG.

Letztlich muss bereits im Falle der drohenden Zahlungsunfähigkeit gemäß § 5a Abs. 4 GmbHG durch die Geschäftsführung eine Gesellschafterversammlung einberufen werden.

© Springer Fachmedien Wiesbaden GmbH, ein Teil von Springer Nature 2020   57
C. Engelhardt, *Die GmbH*, essentials,
https://doi.org/10.1007/978-3-658-28573-9_9

Nun mag mancher die durchaus berechtigte Frage stellen, wozu überhaupt noch GmbHs gegründet werden, wenn man auch mit deutlich weniger Kapitalbindung eine UG gründen und annähernd dieselben Effekte hinsichtlich Haftungsabschirmung, Insolvenzschutz etc. erreichen kann.

Die Antwort gibt letztlich der Markt. Wenngleich über 10 Jahre nach Einführung der Mini-GmbH schätzungsweise über 140.000 UGs in Deutschland existieren, zeigt sich damit einhergehend ein geschätzter Rückgang der englischen Limiteds in Deutschland um ungefähr die Hälfte. Es kann also angenommen werden, dass hier ein gewisser Zusammenhang besteht. Allerdings wird gegen die UG als Rechtsform häufig eingewendet, dass gerade das sehr geringe Stammkapital das „Standing" der Gesellschaft im Markt negativ beeinflussen würde. Ob das im Einzelfall so ist, kann und muss jeder Gründer selbst entscheiden. Gewisse Zweifel an der Eignung eines geschäftlichen Vorhabens dürften aber angebracht sein, wenn bereits das Stammkapital für eine GmbH nicht aufgebracht werden kann, zumal dies – wie erläutert – auch im Laufe des Geschäftes durchaus verbraucht werden darf und nicht „blockiert" ist.

In der Schweiz hatte der Autor einmal nach dem Grund der noch immer geringen Anzahl an GmbHs im Vergleich zu den Aktiengesellschaften gefragt und erhielt die bezeichnende Antwort: „Wer das Geld für eine AG nicht hat, der sollte besser überhaupt keine Geschäfte machen…". Dem muss man sich natürlich nicht anschließen für die Betrachtung der UG in Deutschland im Vergleich zur GmbH; im Blick sollte man denkbare Vorbehalte von Geschäftspartnern aber haben.

Da die UG sonst keinen gesellschaftsrechtlichen Sonderregelungen unterliegt, ist natürlich auch denkbar, dass die UG als Komplementär-Gesellschaft einer UG & Co. KG genutzt wird.

Abb. 9.1 zeigt die Struktur der UG & Co. KG.

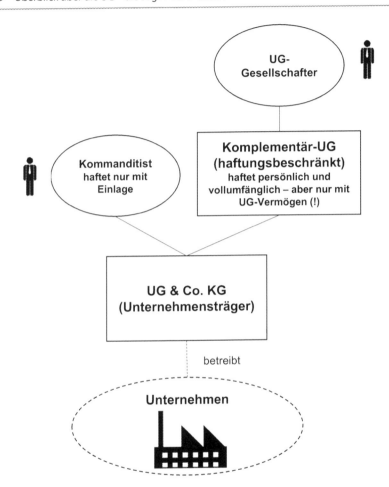

Abb. 9.1 UG & Co. KG

Was Sie aus diesem *essential* mitnehmen können

- Wer im Wirtschaftsleben tätig ist, sollte sich mit der Frage der Gründung einer GmbH befassen.
- Wer mit GmbHs arbeitet (z. B. Verträge schließt), muss wissen, wie diese handeln und wer für die Gesellschaften handelt – sprich: wer die GmbH vertritt.
- Bei Gründung einer GmbH sollte jeder Gesellschafter die Grundzüge des Gesellschaftsrechtes beherrschen, da ein Gesellschaftsverhältnis auf Dauer angelegt ist. Der Gesellschaftsvertrag enthält Regelungen, die auf längere Zeit die Rechte und Pflichten der Gesellschafter untereinander regeln. Daher sollte frühzeitig in der Entwurfsphase überlegt werden, was wie geregelt werden soll.
- Welcher GmbH-Gesellschafter soll welche Rechte und Pflichten haben? Wer soll was entscheiden dürfen und mit welcher Mehrheit sollen Gesellschafterbeschlüsse gefasst werden? Sollen einem Gesellschafter sog. Veto-Rechte für einzelne Themen zugebilligt werden oder wird alles einstimmig beschlossen?
- Sollen die Gesellschafter einfach wechseln können oder sollen die Anteile nur mit Zustimmung der GmbH oder der Gesellschafter übertragen werden dürfen (sog. Vinkulierung)?
- Wer erhält vom Gewinn der GmbH wann wie viel? Ist die Gesellschaft auf lange Dauer angelegt oder zielen die Gesellschafter womöglich auf einen Verkauf (Exit) ab? Wer erhält im Exit-Fall wann welchen Gewinn (sog. Liquidation Preference)?
- Sollen Gesellschafter kündigen können oder soll sogar ein Ausschluss aus der GmbH möglich sein? Soll ein Unterschied zwischen sog. good leaver und bad leaver gemacht werden?

© Springer Fachmedien Wiesbaden GmbH, ein Teil von Springer Nature 2020
C. Engelhardt, *Die GmbH*, essentials,
https://doi.org/10.1007/978-3-658-28573-9

Literatur

Engelhardt, C. (2017). *Mergers & Acquisitions: Strategien, Abläufe und Begriffe in Unternehmenskauf.* Wiesbaden: Springer Gabler.

Engelhardt, C. (2018). *Gesellschaftsrecht: Grundlagen und Strukturen.* Wiesbaden: Springer Gabler.

Engelhardt, C., & Wagenseil, A. (2015). *Der mittelständische Konzern: Organisation – Recht – Steuern – Rechnungslegung.* Berlin: Schmidt.

Statistisches Bundesamt. (2017). Anzahl der Unternehmen in Deutschland 2005–2017. https://de.statista.com/statistik/daten/studie/246358/umfrage/anzahl-der-unternehmen-in-deutschland/. Zugegriffen: 10. Okt. 2019.

Printed in the United States
By Bookmasters